Gérard

PÈRE ET FILS

Le cigare

L'ART DU CIGARE

PHOTOS DE MATTHIEU PRIER

Flammarion

Fumando tabaco, *huile sur toile, Antoni Vives Fierro.*

SOMMAIRE

GENEVE
ROMEO Y JULIETA
25 CHURCHILLS
Punch
50
Cabinet
DIADEMAS
EL REY DEL MUNDO
HABANA

À mon père, qui nous a transmis sa passion.

AVANT-PROPOS

L'univers du cigare est en pleine mutation. Une chose demeure, néanmoins : la passion qu'il inspire, ce goût de l'excellence qui unit les connaisseurs et qui, surtout, est depuis toujours le maître mot des *vegueros*.
Car le cigare est d'abord un produit de la terre, l'un de ses fruits les plus nobles et les plus exigeants. Sans l'acuité, l'expérience, le savoir-faire des hommes et des femmes de terrain, sans leur astuce et leur érudition aussi, parfois, le cigare aurait depuis longtemps perdu de son aura et de son intérêt.
Il ne faut jamais oublier que cette symphonie de parfums, cet enchantement de saveurs, ce miracle d'harmonie sont le fruit d'un travail minutieux, patient, acharné, requérant de chacun, à tous les stades, un talent et une conscience professionnelle d'exception.

Nous sommes de très anciens amoureux du cigare. Il fut même un temps où notre haut souci de la qualité nous conduisait à ne penser que havane. Le monde a changé, et avec lui la configuration d'un univers aromatique qui, longtemps, fut l'apanage de Cuba. Nous vous présentons aujourd'hui le fruit d'un travail rigoureux, poursuivi sur de nombreuses années, en collaboration avec l'ensemble de la planète Cigare.
Au-delà des bouleversements, des évolutions, des disparitions et des renaissances, nous conservons une certitude : nos chères vitoles sont des mets de roi, heureusement et délicieusement accessibles aujourd'hui au plus grand nombre. Nous ne nous réjouirons jamais assez de voir de plus en plus d'amateurs, et sans cesse plus connaisseurs, gagnés à la cause des saveurs et du plaisir. Puissiez-vous vous reconnaître parmi ceux-là.

Vahé Gérard

L'ÉPOPÉE DU CIGARE

La découverte puis l'exploitation du tabac relèvent de l'épopée

C'est aux Indiens Taínos que l'on doit le nom de cette plante, *cohiba*, particulièrement prisée lors des grands rassemblements rituels : on la consommait alors sous forme de feuilles séchées et tressées introduites dans une sorte de calumet, le *tabacco* (avec deux *c*), que l'on se passait de main en main, en signe de fraternité et de partage.

En 1492, le Vieux Monde fait, avec Christophe Colomb, la connaissance de ce végétal, qui ne sera introduit en France qu'en 1556, par le moine cordelier André Thevet. L'Espagne et le Portugal seront les premières tables tournantes d'un négoce qui gagnera rapidement le reste de l'Europe. A l'époque, l'usage du tabac est strictement médical : on lui prête notamment des vertus purifiantes, apaisantes, décongestionnantes ; on l'utilise en inhalation, en fumigation et en décoction. Catherine de Médicis, que fournit le consul de France Jean Nicot (qui donnera son nom à la nicotine), en fait, dit-on, grand usage pour soulager ses migraines.

De l'artisanat au commerce organisé

Dès le début du XVIe siècle, la culture du tabac s'organise, sous la houlette des Européens – principalement français et britanniques –, servis par la main-d'œuvre des esclaves noirs : les plantations se multiplient en Amérique du Nord, aux Antilles et à Cuba. Le commerce de la « plante merveilleuse » s'étend à l'île de Malte, à l'Italie, aux Pays-Bas, avant que la Turquie, le Maroc et même le Japon n'en entreprennent à leur tour la culture à grande échelle.

C'est l'Angleterre, de nouveau, qui franchit un pas avec la popularisation du produit, jusque-là réservé à l'aristocratie et...aux marins. La reine Élisabeth Ire, notamment, en encourage l'usage. La Virginie, la Caroline du Nord, le Maryland et le Kentucky se font une spécialité de sa culture. Fidèle à elle-même, la France crée au XVIIe siècle le premier impôt – en fait une taxe d'importation –, que Richelieu puis Colbert élèveront au rang de privilège royal.

De multiples rebondissements légaux et diplomatiques viendront ponctuer l'aventure : exclusivité de la Compagnie des Indes occidentales, prohibition, etc., jusqu'au 24 février 1791, lorsque l'Assemblée nationale décrète la liberté de culture, de fabrication et de débit dans tout le royaume.

Ci-dessus : parmi les marques qui firent la renommée de Cuba, certains noms prestigieux ont disparu, dont La Corona (uniquement fait machine aujourd'hui), La Escepción et Maria Guerrero.
Page de gauche : Le Fumeur, *gravure aztèque retrouvée sur le site archéologique de Palenque (Mexique).*

D'un monde à l'autre

Linné utilise le premier, en 1735, le terme *Nicotiana tabacum*, mais c'est Nicolas Vauquelin qui, en 1809, découvre et isole la nicotine. Deux ans auparavant, Napoléon avait envahi l'Espagne, terre d'origine du *puro*, ancêtre du cigare, et créé le monopole des tabacs, avant que la Restauration ne connaisse le véritable développement du havane.

Si c'est par le biais des grands d'Espagne, notamment, que le cigare acquit sa notoriété, et si une certaine culture britannique en assura l'ascension au cours du XIXe, la gloire vint avec la fin du XXe siècle. La professionnalisation des manufactures, le soin de la présentation tant du cigare que des boîtes, l'apparition des bagues se conjuguent alors pour élaborer une image raffinée et hédoniste. D'autant plus que, le tabac brut voyageant assez mal, c'est aussi le moment où les manufactures quittent la péninsule Ibérique pour se réinstaller dans les îles d'origine, assurant ainsi – à l'instar de ce qui se passe pour un grand vin, qui n'est jamais aussi bon que quand il bénéficie d'une mise en bouteille au château – une hausse de qualité des cigares.

Puis se profilent les années 1940-1950 et la création de quelques-unes des marques de renommée aujourd'hui planétaire. Avec ce succès, les formats se diversifient, chaque marque donnant sans cesse de nouveaux modules.

Qualifié de « phénomène de mode » au début de la décennie 1990, le cigare a conquis, depuis les États-Unis, un public plus jeune et plus divers, souvent plus connaisseur, qui l'a fait entrer en littérature et au cinéma, l'imposant dans l'univers de l'art de vivre. Bien entendu, ce développement du marché a entraîné la baisse de qualité de certaines productions et une augmentation démesurée des tarifs. Le goût s'est lui aussi modifié – et continue de le faire – au rythme du nombre de consommateurs, de l'éducation épicurienne de ceux-ci et des choix de vie. Preuve, s'il en était besoin, que le cigare est une matière vivante...

LES TERRES DU CIGARE - Cuba -

Pour tout amateur, Cuba reste la terre promise du cigare. Si d'autres régions productrices se sont hissées à haut niveau, le rêve demeure du côté des 62 000 ha de champs de tabac situés quelque part entre le golfe du Mexique, l'océan Atlantique et la mer des Caraïbes.

L'avènement des marques

La production de cigares cubains remonte à la première moitié du XVIIe siècle. Mais c'était là une production à petite échelle, quasi personnelle. Ce n'est que progressivement, et notamment avec le développement des transports maritimes, qu'une exportation s'organisa.
Mais l'année fondatrice à Cuba est 1827, qui vit la naissance de Partagás et de la première *fábrica* (manufacture). Devaient suivre, entre autres, Por Larrañaga (1834), Punch (1840), H. Upmann (1844), Ramón Allones (1845), Sancho Panza (1848), Hoyo de Monterrey (1865), Romeo y Julieta (1875), El Rey del Mundo (1882), Montecristo ne voyant le jour qu'en 1935. Les conditions assurant la qualité tout au long de la chaîne de fabrication étaient réunies : le havane pouvait étendre son empire gustatif au monde entier.

Le grand frisson de la révolution

Avec l'arrivée au pouvoir de Fidel Castro, le 2 janvier 1959, le havane vécut une crise sans précédent. Décidé à appliquer à tous les domaines les principes de l'économie marxiste, le *líder máximo* décréta la nationalisation des moyens de production et l'abolition des marques. Tollé mondial et chute spectaculaire des exportations. Devant l'ampleur du désastre, on fit machine arrière : la terre fut restituée aux paysans, les marques et les modules pour la plupart restaurés. Mais il faudrait attendre le milieu des années 1960 pour que le havane retrouve son prestige et sa qualité. Aujourd'hui, près de 350 millions de cigares sont fabriqués chaque année à Cuba, dont 150 millions de havanes *totalmente hecho a mano.*

Les cinq terroirs cubains

A l'instar de la vigne, le tabac a ses terroirs. A Cuba, ils sont au nombre de cinq. D'ouest en est :

• ***Vuelta Abajo***, terre d'élection du cigare. C'est sans conteste sur ces 32 000 ha que sont produits les meilleurs tabacs du monde. Voir pages suivantes.

• ***Semi-Vuelta***, toujours dans l'ouest de l'île. Incomparable à la précédente pour ce qui est de la qualité. Les tabacs que l'on y produit sont principalement destinés à la fabrication de cigarettes.

• ***Partido***, pays des capes claires. Située non loin de La Havane, cette région de production donne effectivement des feuilles plus pâles, qui ont parfois eu quelques difficultés à s'imposer auprès des « traditionalistes ».

• ***Remedios***, lieu du renouveau. Cette zone centrale, dont la production était, jusque récemment encore, réservée au seul marché intérieur, est actuellement l'objet de tous les soins de la part des responsables cubains, qui veulent en assurer la promotion sous le nom de Vuelta Arriba. Les efforts consentis pour améliorer la qualité semblent de fait payer : sous la marque José Luis Piedra, la région connaît ses premiers succès internationaux. Remedios fut par ailleurs la patrie d'accueil des *vegueros* (planteurs) espagnols au XVIIe siècle.

• ***Oriente***, région historique. Comme son nom l'indique, cette province constitue la partie orientale de Cuba. La légende veut que ce soit ici – et plus précisément à Baracoa, où elles avaient débarqué – que les troupes de Christophe Colomb aient découvert les joies du tabac. La production de ces vastes plaines est aujourd'hui presque exclusivement destinée à la cigarette.

LES TERRES DU CIGARE - La Vuelta Abajo -

Tout le monde vous le dira : c'est sur la terre rouge, aérienne, de la Vuelta Abajo que poussent les meilleurs tabacs du monde. Divisés en sept districts comptant une cinquantaine de *vegas*, ou crus, ces 32 000 ha représentent à peine 2 % du territoire de l'île, mais la quasi-totalité de la production promise au havane (soit 40 % du tabac cubain, le reste étant destiné à la confection de cigarettes, cigarillos et cigares de moindre qualité).

Une découverte inopinée

Curieusement, ce terroir d'exception ne fut découvert que tardivement (1772) par les Espagnols, pourtant implantés dans la région depuis le XVIe siècle.
Il fallut en fait la violente répression d'une révolte des *vegueros* pour que certains d'entre eux s'éloignent vers l'ouest, du côté de ce qui deviendrait Pinar del Río, découvrant par-là même l'extraordiniaire richesse de ce terroir.

Le meilleur de la Vuelta
Bolívar
Cohiba
Cuaba
Diplomáticos
El Rey del Mundo
Hoyo de Monterrey
H. Upmann
Juan Lopez
La Gloria Cubana
Montecristo
Partagás
Por Larrañaga
Punch
Quai d'Orsay
Rafael González
Ramón Allones
Romeo y Julieta
Saint Luis Rey
Sancho Panza
San Cristóbal de La Habana
Trinidad
Vegas Robaina

Page de droite : l'harmonie créée par le vert profond des feuilles de tabac, le bleu pur du ciel de la Vuelta et le blanc floconneux des nuages venus de la mer est un spectacle dont on ne se lasse pas.

L'histoire est d'autant plus étonnante que la qualité de la Vuelta aurait été parfaitement connue des corsaires familiers des côtes cubaines. Sans doute quelques « marchands » avisés s'étaient-ils astreints à garder le secret jusqu'à être en mesure d'organiser pour leur compte la production de tabac...

Une alchimie sans égale

La Vuelta Abajo est réputée pour bénéficier d'une conjugaison de facteurs unique au monde. Le rapport terroir/ensoleillement/humidité/vents marins n'a pu être reproduit dans aucun endroit du monde, malgré l'acharnement de certains producteurs en quête de terres nouvelles : où qu'ils aient tenté leur chance – Canaries, Jamaïque, Saint-Domingue –, jamais ils n'ont égalé les résultats auparavant obtenus en Vuelta. Et l'on ne parle pas encore du savoir-faire des *vegueros* et autres *torcedores*... A l'instar de ce que nous connaissons en matière de vignobles – au sein d'une appellation, tel château ne donne pas le même vin que son voisin –, la Vuelta a ses crus : les plus réputés sont ceux de San Juan y Martinez *(vega 12)* et de San Luis *(vega 13)*. Car, si la terre sablonneuse et riche en minéraux de ce terroir est incomparable, et si le travail de culture (sans produits chimiques) et d'irrigation y est jalousement surveillé par les ingénieurs agronomes, la multitude des *fincas* (exploitations) qui la couvrent offre l'extrême variété de tabacs qui permet, précisément, le secret des assemblages et des dosages faisant la spécificité de chaque marque – et, à l'intérieur de celles-ci, de chaque module. Les principaux plants sont les suivants : *criollo*, variété traditionnelle de la tripe ; *corojo*, réputé fournir les meilleures capes ; *habana 92* et *habana 2000*, respectivement hybrides du premier et du second, créés après l'attaque de *moho azúl* (moisissure bleue) en 1980.

Il reste que cette région produit non seulement les feuilles qui feront la tripe des plus grands havanes, mais aussi les capes les plus belles, les plus homogènes et les plus soyeuses. À n'en pas douter, la Vuelta est une terre bénie des dieux....

LES TERRES DU CIGARE - La République dominicaine -

Située sur la partie orientale de l'île caraïbe de Haïti, Saint-Domingue partage avec son illustre concurrente cubaine une histoire très ancienne pour ce qui est du tabac : tout comme leurs cousins Taínos, les Indiens autochtones d'Hispanolia le cultivaient et le fumaient depuis des siècles quand Christophe Colomb parvint sur ses rivages, en 1492.

Un coup de pouce de l'Histoire

Si le tabac ne fut longtemps, dans cette région, qu'une culture de second ordre, l'importation de graines cubaines au début du XXe siècle favorisa la création de plantations qui ne demandaient qu'à s'épanouir quand éclata la révolution castriste et que les Américains cherchèrent de nouvelles ouvertures pour leur marché, en pleine expansion. Avec l'embargo de 1962, le coup d'État de 1979 au Nicaragua et l'instabilité politique au Honduras, Saint-Domingue tenait trois atouts maîtres pour prendre enfin sa place sur la scène internationale. Aujourd'hui, personne ne conteste plus à la République dominicaine le titre de producteur de cigares de haut niveau.

L'« autre » terre promise

Depuis les années 1980, de grands manufacturiers se sont installés sur cette île bénéficiant d'un sol et d'un climat comparables à ceux des meilleurs terroirs cubains : General Cigars (Partagás, Ramón Allones, Canaria d'Oro), Consolidated Cigar Corporation (Montecruz, H. Upmann, Don Diego), Fuente, Davidoff... Ils ont trouvé là non seulement des conditions naturelles et financières favorables, mais aussi – ce à quoi ils ne pouvaient rester insensibles – un état d'esprit très entreprenant, très imaginatif et très réactif qui semblait garant de succès. Les plus belles réussites dominicaines sont de fait, souvent, des histoires individuelles. Les Américains apprécient. Autant que ces cigares, dont ils goûtent la finesse, la variété et la subtilité aromatique.

Le meilleur de Saint-Domingue

Arturo Fuente - Ashton -Bauza - Davidoff - Don Diego - Dunhill - Juan Clemente - La Aurora - La Flor Dominicana - Laura Chavin - Macanudo - Montecristo - Nat Sherman - Partagás - Pléiades - Royal Jamaica - Santa Damiana - Vega Fina

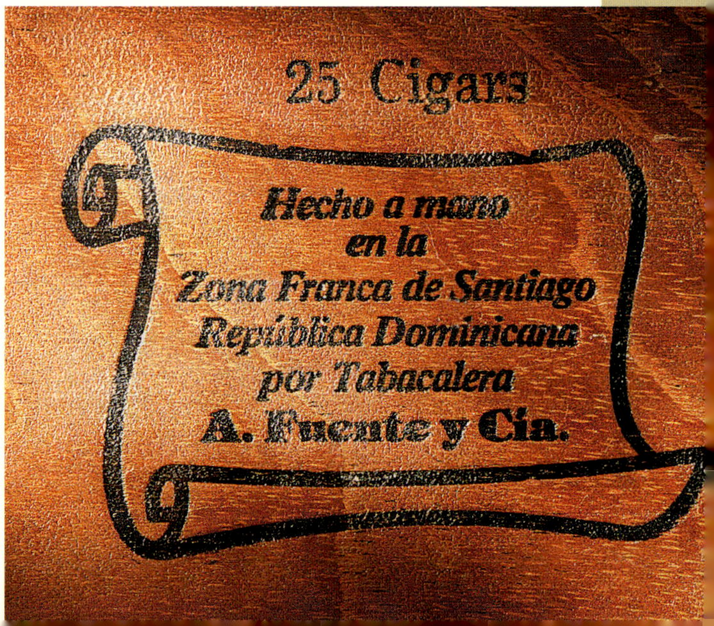

Un marché en plein essor

Avec près de 350 millions de *premium cigars* exportés par an – dont un tiers vers l'Europe –, la République dominicaine accède aujourd'hui au premier rang mondial en la matière. Un engouement qui ne semble pas vouloir se démentir, puisque la demande demeure forte, ce qui a d'ailleurs conduit à l'apparition d'une douzaine de marques dominicaines ces dernières années ! Soucieux de ne pas dilapider son capital, le pays s'est néanmoins peu à peu concentré sur la qualité de réalisation – qui n'a cessé de s'améliorer depuis trente ans – et la créativité en matière de culture, de mélanges, d'arômes.

Des mélanges subtils

Les meilleures plantations se situent dans le nord-ouest de l'île, plus précisément dans la vallée de la Yaque, que d'aucuns comparent – avec quelque emphase – à la Vuelta Abajo. Trois variétés de tabac sont cultivées à Saint-Domingue : *olor dominicano*, ou chago diaz, prisé pour sa finesse et sa douceur ; *piloto cubano*, originaire de la Vuelta, plus riche et plus puissant ; et *san vicente*, hybride du précédent, plus léger et plus acide.

Mais les tabacs dominicains, clairs et légers, ne sauraient pour l'heure se suffire à eux-mêmes, qu'il s'agisse de tripe ou de cape. Pour rehausser les arômes de la première, des variétés plus fortes sont importées du Honduras, du Mexique et du Brésil. Les capes des grandes marques viennent quant à elles du Connecticut, du Cameroun et d'Équateur. Mais, dans un pays qui montre autant de vitalité, on peut prédire à moyen terme la production de magnifiques capes dominicaines...

LES TERRES DU CIGARE - Le Honduras -

Disputant à Cuba le troisième rang mondial en matière d'exportation de modules faits main, le Honduras s'est acquis, en un peu plus d'un demi-siècle, une solide réputation de producteur de cigares de bon niveau. Car si, comme à Cuba ou à Saint-Domingue, le tabac est ici une histoire ancienne – bien antérieure à l'arrivée de Christophe Colomb, en 1502 –, l'activité s'est longtemps cantonnée au marché local.
La révolution cubaine allait changer tout cela.

L'aurore des années 1960
Dès 1960, nombre de Cubains s'exilèrent au Honduras, suivis de près par de gros investisseurs étrangers. Le savoir-faire des premiers, lestés de graines cubaines qu'on apprendrait bientôt à marier aux plants locaux, et les capitaux des seconds allaient rapidement inspirer de nouvelles vocations : dès 1962, des barons de l'industrie du tabac tels que Fernando Palacio, Dan Blumenthal et Franck Llaneza lançaient ou relançaient sur le sol hondurien des productions signées Belinda, Punch ou Hoyo de Monterrey.
En 1972, United States Tobacco International, important groupe américain, confiait à son tour la fabrication de ses marques au Honduras.
Si la situation demeura incertaine jusqu'en 1990, le Honduras servant de base arrière à la guérilla antisandiniste nicaraguayenne, elle est désormais stable, offrant au pays les conditions nécessaires à son essor. Même un ouragan comme *Mitch* (1999), qui endommagea les cultures, n'eut pas de conséquences sérieuses : les réserves de cigares étaient si importantes que le marché fut normalement approvisionné durant les travaux de réhabilitation des plantations.

Un terroir en pleine évolution
Des trois grandes zones de culture, c'est la vallée de Jalapa, dans le sud-est du pays, qui emporte la palme – d'aucuns prétendant même qu'on y donne, autour de Danlí, Morocelí et Talanga, un tabac digne de la Vuelta Abajo cubaine. À l'ouest se trouvent les plantations en altitude de Santa Rosa de Copán ; au nord-ouest, celles de la vallée de Sula, refuge des premiers immigrés cubains.
Plusieurs variétés s'épanouissent ici.
La première est issue de graines du Connecticut – ce qui permet au Honduras, contrairement à la République dominicaine, de produire de très belles capes d'un brun sombre.
Viennent ensuite : *copaneco*, seul tabac local, *criollo* et *cojo*, d'origine cubaine, et deux hybrides récents, habana 92 et 2000.
Des tabacs de Saint-Domingue, du Costa Rica et d'Équateur entrent également dans la composition de la tripe.

Des cigares de charme
Doux et suaves, aromatiques et d'une belle longueur en bouche, les cigares du Honduras sont de plus en plus prisés des amateurs : les États-Unis en importent plus de 60 millions d'unités chaque année, l'Europe se laissant peu à peu séduire. Assurément, ce terroir a son avenir devant lui.
Et si, jaloux de leur spécificité, les producteurs honduriens vous confient leur agacement de ce que l'on persiste à comparer leurs cigares aux havanes, ils n'en sont pas moins flattés qu'on songe enfin à le faire...

Le séchage des feuilles fait l'objet de contrôles réguliers, tant pour veiller à leur pleine santé – et parer aux attaques de parasites – que pour éviter un dessèchement excessif ou, au contraire, un début de pourrissement. C'est pourquoi ces lieux sont toujours très aérés.

Le meilleur du Honduras
Cuba Aliados - Bances - Don Ramos - Don Tomás - Excalibur - Flor de Copán - Flor de Selva - Indian Tabaco Cigar

LES TERRES DU CIGARE - Le Nicaragua -

Colonisé par les Espagnols au XVIe siècle, le Nicaragua peut lui aussi revendiquer une très ancienne tradition en matière de tabac. Mais ce n'est qu'avec l'aide des Américains, en quête de nouveaux terroirs après la révolution cubaine, qu'il commença à prendre son essor, et notamment à exporter ses cigares.

Une histoire mouvementée

C'est donc dans les années 1960 que les amateurs étrangers découvrirent que ce pays était aussi producteur de cigares. La gamme Joya de Nicaragua fit alors l'unanimité chez les connaisseurs. Avec l'installation du Cubain José Padrón, en 1970, l'industrie cigarière locale allait prendre de l'ampleur. Mais, comme souvent en Amérique centrale, les choses se compliquèrent. D'une part, la guérilla sandiniste et le chaos qui s'ensuivit mirent le pays à feu et à sang : plantations incendiées, exploitations pillées, manufactures ravagées. Pour couronner le tout, la « moisissure bleue » ruina les plants au début des années 1980, contaminant même les entrepôts abritant la récolte des années antérieures.

Il faudrait près de dix années, la chute des sandinistes et la disparition d'Ortega pour que l'industrie cigarière nicaraguayenne renoue avec le succès.

Avant que *Mitch*, l'ouragan qui a également touché le Honduras, ne vienne dévaster les plantations renaissantes, provoquant un nouvel exil des *tabaqueros*, cette fois au Costa Rica.

Une terre d'avenir

Aujourd'hui, les grands sont de retour au pays. Car le Nicaragua ne partage pas seulement une frontière avec le Honduras : les deux pays ont des sols (sablonneux) et des climats (très humides) similaires, d'une grande fertilité. Les zones de culture principales sont la vallée de Jalapa (autour d'Estelí et d'Ocotal), dans le nord-ouest du pays, et l'île d'Omotepe, au centre du lac de Nicaragua. On y travaille des variétés issues de graines du Connecticut, pour les capes, et de *criollo*, pour les tripes et les sous-capes. Mais on s'intéresse beaucoup, ces derniers temps, aux hybrides cubains *habana 92* et *2000*, résistants au *moho azúl* (moisissure bleue).

L'État consent un effort important, tant sur le plan financier que pour ce qui est des dotations en surface, aux cigariers de renom prêts à s'installer sur son sol. C'est l'une des raisons, avec les faibles coûts de matériel et de main-d'œuvre, qui expliquent le remarquable rapport qualité/prix des cigares nicaraguayens. Tout cela, ajouté au savoir-faire ancestral des ouvriers – particulièrement d'origine indienne – et à une qualité sans cesse croissante, plaide indiscutablement en faveur d'un développement important de la production locale ces prochaines années.

Le meilleur du Nicaragua
Joya de Nicaragua
La Meridiana
Padrón

FABRICA DE TABACOS
Padrón
FUNDADA EN 1964
These Premium Hand-Made, Long Filler Cigars are Cured, Aged, and Blended with vintage leaves of Cuban-Seed tobacco grown in Central America. Their aroma, taste and consistency are guaranteed by the traditional Cuban cigarmaking process that Padron sets as its standard.
Made in Nicaragua

LES TERRES DU CIGARE - Autres terroirs 1 -

(Mexique, Costa Rica, Équateur, Jamaïque, Brésil)

Mexique

C'est sans doute au Mexique que l'histoire du tabac a commencé : les Mayas entreprirent de cultiver *Nicotiana tabacum*, qui poussait spontanément dans la péninsule du Yucatán, il y a quelque trois mille ans. Alors considéré comme sacré – les prêtres fumaient pour entrer en communication avec les dieux –, le tabac se voyait également attribuer des vertus thérapeutiques multiples, notamment contre les fièvres.

Dès son indépendance, en 1821, le Mexique a développé une industrie du tabac. Mais c'est à la faveur de l'embargo américain de 1962 que sa production accéda enfin au marché international. Aujourd'hui, avec 10 millions d'unités par an, le Mexique est le quatrième fournisseur des États-Unis pour les cigares faits main.

Situées au cœur de l'État de Veracruz, dans la vallée de San Andrés, les plantations donnent un tabac prioritairement destiné aux capes – sombres. Les variétés cultivées sont un *criollo* local et des graines de Sumatra apportées par les cigariers néerlandais chassés d'Indonésie après la Seconde Guerre mondiale. Les vitoles mexicaines sont réputées pour leur équilibre et leur excellent rapport qualité/prix.

Grandes marques : Cruz Real, Excelsior, Santa Clara, Te-Amo, Vera Cruz.

Costa Rica

Située au sud du Nicaragua, la « Côte riche » est un petit producteur qui a commencé à prendre des forces après que l'ouragan *Mitch* eut mis à mal les plantations du Nicaragua, provoquant l'exil de nombreux cigariers de ce pays vers le Costa Rica. Ses feuilles de cape sont réputées.

Grandes marques : Bahia Gold, CAO.

Équateur

Niché entre la Colombie, au nord, et le Pérou, à l'est et au sud, l'Équateur bénéficie d'un climat tropical favorable à la tabaculture. Ses feuilles de cape, issues de graines du Connecticut qui se sont aisément implantées dans ce sol fertile, sont très recherchées – notamment en raison de leur imbattable rapport qualité/prix.

Grandes marques : l'Équateur ne fabrique pas de cigares, mais fournit des feuilles de cape à de grandes marques honduriennes (Bances, Cuba Aliados, Habana Gold), dominicaines (Bauza, Sosa) et nicaraguayennes (Joya de Nicaragua).

Jamaïque

Xamaica, « le pays des sources », fut découverte en 1494 par Christophe Colomb. Elle était alors le territoire des Arawaks, qui fumaient les feuilles de tabac roulées. Les Britanniques, remplaçant les Espagnols en 1655, créèrent les premières grandes plantations, nombre de manufactures faisant leur apparition autour de la capitale, Kingston. C'est pourquoi les vitoles jamaïcaines sont longtemps restées l'exclusivité du marché anglais.

Encore méconnus des Européens, ces cigares faits main sont aujourd'hui très prisés des Américains (15 millions d'unités par an), qui en goûtent la suavité depuis l'embargo de 1962. Les tabacs qui les composent sont issus de graines cubaines implantées localement, mais aussi de République dominicaine, du Mexique et du Honduras. Les capes proviennent du Connecticut, du Brésil et d'Indonésie.

Grandes marques : Cifuentes, Macanudo, Temple Hall.

Brésil

Deuxième exportateur mondial de feuilles de tabac (près de 300 000 tonnes par an), ce pays a une longue tradition en la matière, puisqu'il exportait déjà au XVIe siècle.

Les grands terroirs se situent dans l'État de Bahia : c'est à Mata Fina, Mata Norte et Mata Sul que l'on cultive les meilleurs tabacs.

Les cigares brésiliens sont de plus en plus appréciés, particulièrement des connaisseurs américains, qui en prisent le côté rassasiant et goûteux. Car, si leur cape très foncée – *negre* – leur confère une certaine rusticité, ils allient à la dégustation corps et suavité.

Les grands modules de Suerdieck ont trouvé dans les chanceliers allemands Konrad Adenauer et Helmut Kohl de fervents défenseurs.

Grandes marques : Don Pepe, Suerdieck.

LES TERRES DU CIGARE - Autres terroirs 2 -

(États-Unis, Canaries, Indonésie, Philippines, Cameroun)

États-Unis

Les États-Unis ne sont pas à un paradoxe près : premiers consommateurs et producteurs de cigares, ils ne travaillent qu'à la machine (le coût de la main-d'œuvre est ici trop élevé) et ne mettent donc sur le marché que des vitoles peu aromatiques, sans grand intérêt gustatif. Quand ils les y mettent... Car leur conception très particulière du cigare – vert, plutôt sucré, artificiellement aromatisé et maté (cape « farinée » de poudre de tabac) – ne fait l'unanimité que... chez eux.

Si la Virginie est le berceau de la tabaculture aux États-Unis, la première région productrice est aujourd'hui la Floride, qui s'est fait une spécialité de la fabrication de cigarillos. Le Kentucky et le Maryland représentent aussi plusieurs milliers d'hectares de champs de tabac. Mais le joyau de ce pays réside dans les superbes plantations du Connecticut, qui donnent, sur quelque 1 000 ha d'argiles sablonneuses, les plus belles (et les plus chères) feuilles de cape au monde. Particularité de cette région : les plants y poussent à l'ombre d'immenses gazes les protégeant des brûlures et du dessèchement.

Grandes marques : les cigares américains qui ont franchi les frontières sont réalisés industriellement (Hava Tampa, Grenadiers). À ne pas confondre avec les produits artisanaux tels que La Gloria Cubana, apparus ces vingt à trente dernières années.

Canaries

Si les Canaries n'ont pas encore réussi à s'imposer pleinement sur le marché international, ce n'est pas faute d'expérience : elles peuvent en effet se targuer d'une très ancienne tradition cigarière. C'est à La Palma, île la plus occidentale de l'archipel, que l'on trouve les principales plantations : à Breña Alta pousse, en altitude, le tabac destiné aux tripes ; à Caldera del Tabariente, plus au nord, celui qui donnera les belles capes brunes caractéristiques de la région. Les Canariens se sont depuis longtemps inspirés des méthodes culturales cubaines. Ils sont aussi les derniers en Europe à proposer des cigares faits main.

Grandes marques : S.T. Dupont, Peñamil, Vargas.

Indonésie

Civilisation de la pipe et de l'opium, l'Indonésie ne s'est réellement intéressée au tabac qu'à partir du XIXe siècle, et ce bien que la plante y eût été introduite deux siècles plus tôt. Sans doute pour des raisons historiques et culturelles – vestiges de la colonisation néerlandaise –, elle maintient la tradition du cigare fait main. Les zones de tabaculture se situent sur les îles de Sumatra, de Java et de Bornéo. La première donne un tabac brun aux feuilles claires et fines très recherchées pour les capes. Java produit elle aussi des capes claires, mais de moindre renommée. Bornéo fournit les tripes de ces cigares que l'on dit de « saveur hollandaise » : secs, peu complexes du point de vue aromatique et assez âcres.

Grandes marques : Calixto Lopez, Montague.

Aux États-unis, particulièrement en Floride et en Californie, on rencontre de ces boutiques proposant des cigares faits main, généralement confectionnés par des Cubains. Dans des lieux assez exigus, de véritables galeras *miniatures sont reconstituées, « comme là-bas »...*

Philippines
À qui veut l'entendre, les cigariers de Manille assurent que le tabac y fut introduit par Magellan lui-même, qui, découvrant ces terres en 1521, y aurait laissé tomber quelques graines brésiliennes...
Figurant parmi les plus gros producteurs d'Asie, les Philippines ont connu leur heure de gloire au IXIe siècle, quand on comparait les *manillas*, ou « manilles », aux havanes – rien de moins !
Ils sont aujourd'hui beaucoup moins en vogue, du fait de leur âpreté, de leur excès de puissance et de leur pauvreté aromatique.
Grandes marques : Double Happiness, La Flor de la Isabela.

Cameroun
Considéré jusque dans les années 1980 comme une terre d'avenir du cigare, le Cameroun a beaucoup de mal à stabiliser sa production.
Les plantations sont concentrées dans la région de Bertoua, dans l'est du pays, aux confins de la République centrafricaine.
Grandes marques : le Cameroun ne produit pas de cigares, mais fournit de très belles feuilles de cape à certaines des plus grandes marques dominicaines, comme Arturo Fuente, La Aurora ou Montecruz.

LA CULTURE, DU SEMIS À LA CASA DE TABACO

Les modes de culture du tabac connaissent quelques variations d'un pays à l'autre, mais l'essentiel demeure. Aussi nous en tiendrons-nous au modèle traditionnel cubain. Si la terre est préparée dès fin août par les *vegueros* (les planteurs), la culture du tabac, espèce hivernale, ne commence qu'en octobre, pour s'achever fin mars-début avril. Elle s'étale donc sur sept mois, selon un système de cycles ainsi ordonné : tout d'abord les plants de cape, puis, en novembre, ceux de tripe, repiqués progressivement ; ainsi, les plants de début novembre seront récoltés fin janvier, ceux de mi-novembre début mars, ceux de fin novembre début avril. Les mois restants, le sol se repose. Hauts de 8 à 13 cm au moment du repiquage, les plants issus des *semilleros* (pépinières) atteindront 1,75 m en moyenne trois mois plus tard.

Un spectacle irréel

Durant toute la période de culture, le contraste de la terre rouge et des feuilles d'un vert éclatant est saisissant de beauté. Mais le plus spectaculaire, ce sont les *tapados*, ces voiles de coton blanc qui protègent les *caballerias* (unités de plantation) dévolues aux feuilles de cape des brûlures du soleil, des excès de pluie et des vents desséchants.

Ces « serres » aériennes sont progressivement rehaussées, pour laisser leur espace vital aux plants en pleine croissance. Les feuilles qu'elles abritent, destinées à l'enveloppe du cigare, devront être irréprochables : larges, homogènes, sans accroc ni tache – en un mot, superbes. L'arôme n'est pas leur mission, plutôt l'apparence. C'est tout le sens de ce manteau diaphane qui, de loin, est d'une grâce irréelle.

Une plante « à étages »

Le *tabaco del sol*, destiné à la sous-cape et à la tripe, comme le *tabaco tapado* des capes compte six « paliers » de feuilles, traditionnellement désignés par les termes suivants (de bas en haut) et cueillis dans le même ordre : *libre de pie, uno y medio, centro ligero, centro fino, centro gordo* et *corona*. Chacun se voit prélever un nombre précis de feuilles, la *cosecha* (cueillette) se faisant étage par étage, à une semaine d'intervalle environ, pour permettre à tous les niveaux de se développer convenablement. La plante gagnant en puissance et en arômes au fur et à mesure qu'elle s'élève, les *vegueros* évitent donc soigneusement de confondre les récoltes des différents paliers, afin de ne pas compromettre l'équilibre des mélanges ultérieurs.

Du tri au séchage, une même attention

Cueillies manuellement au ras de la tige, les feuilles sont ensuite transportées avec délicatesse jusqu'à la *casa de tabaco* (maison de maturation), un petit édifice en bois très aéré où se fera le séchage. Là, elles sont d'abord triées, puis assemblées par paires, ou « mains », et suspendues à de longues perches ; en un à trois mois, elles perdront ainsi une grande part de leur humidité, passeront du vert au jaune puis au brun clair, et gagneront en maturité, autrement dit en concentration aromatique. Elles seront ensuite réunies en *gavillas* (boisseaux), pour la première fermentation, qui durera de trois à huit semaines selon qu'il s'agit de cape, de sous-cape ou de tripe. Cette étape est capitale. Rassemblées en ballots, les feuilles sont désormais prêtes à entrer dans l'*escogida*, où les attend le travail de fermentation à proprement parler.

À gauche : les merveilleux tapados, *qui protègent les plants contre les agressions conjuguées du soleil et du vent, créent sur les* caballeras *de somptueux voiles blancs. À droite : suspendues par « mains » au sein de la* casa de tabaco, *les longues feuilles de tabac sont mises à sécher durant plusieurs semaines, sous la haute surveillance des* vegueros.

LA FABRICATION, L'ART DU TORCEDOR

Avant que n'intervienne le *torcedor* (rouleur), un long travail doit encore s'accomplir. Car, pour l'heure, les feuilles ne sont pas prêtes : un long affinage va leur permettre de revêtir leur couleur définitive, de perdre leur âpreté et, surtout, de mûrir pleinement leurs arômes.

Les deuxième et troisième fermentations[1]

Au sortir de la *casa de tabaco*, les acheteurs experts des *fábricas* viennent faire leur choix à l'*escogida*, cette « maison de sélection » où l'on procède au tri et au classement des feuilles. Réhumidifiées, les capes sont assemblées en *tercios* (ballots), eux-mêmes enveloppés de *palmas reales* (feuilles de palmier) permettant la fermentation tout en laissant passer l'air. Le tabac de tripe, lui, est conditionné en tonneaux. Cette opération, assez brutale (la température montant très vite, il faut procéder à de fréquents sondages quotidiens et, éventuellement, défaire les bottes pour les aérer), dure un peu plus d'un mois. Puis vient l'heure du second tri : chaque feuille est soigneusement examinée, afin d'assurer la qualité ultérieure des cigares. Le tabac est ensuite reconditionné pour la troisième fermentation, qui durera, selon la qualité des lots, de un à trois ans – parfois plus pour les très grands tabacs.
Alors entre en jeu le *torcedor*.

1. Cette formulation traditionnelle est en fait abusive : il ne s'agit que des phases successives d'une seule et même fermentation.

Un art de précision

Les rouleurs sont les princes de la *fábrica* ; il faut dire que, longtemps, leur art s'est transmis de père en fils et de mère en fille, comme un secret de fabrication. Aujourd'hui, les femmes sont plutôt spécialisées dans l'écotage : il s'agit, après avoir aéré et délicatement lissé les feuilles, d'en extraire la nervure centrale. Les gestes des cigarières sont stupéfiants de vitesse et d'agilité.
Triées par taille et par teinte, les feuilles sont ensuite livrées à la *chaveta* (sorte de petite machette) des *torcedores*, qui entreprennent de les dénervurer complètement, avant de procéder au roulage.
Chacun d'eux ne roule qu'un module, dont il connaît au gramme près la composition et au dixième de millimètre les cotes.
Afin d'assurer l'excellence de la combustion, le mélange doit être parfaitement homogène. C'est tout l'art du *torcedor*, qui a devant lui cinq lots de feuilles : les capes, les sous-capes et les trois tabacs de la tripe. Chacun joue son rôle : le *ligero* est le plus puissant ; le *seco* le plus léger et le plus aromatique ; le *volado* favorise la combustibilité. Le travail commence par la demi-feuille de la cape, dont il faut découper les bords. Suivent les deux demi-feuilles de la sous-cape, qui retiendra la tripe, constituée des trois tabacs pressés ensemble. La tripe ainsi façonnée, le *torcedor* la roule successivement dans la sous-cape (formant ainsi la « poupée ») et dans la cape, qu'il fixe d'un point de résine végétale neutre. Il ne lui reste qu'à réaliser la tête arrondie du module avec un morceau de cape, à trancher les excès de feuilles, puis à couper le pied. Soigneusement lissé avec le plat de la *chaveta*, le cigare est prêt.

L'homme contre la machine

Pour des raisons diverses – et souvent pour cause de coût de la main-d'œuvre –, nombre de marques ont opté pour la mécanisation. Les États-Unis, premier producteur mondial, ne fabriquent quasiment plus de *hecho a mano*, a fortiori de *totalmente a mano*. Ils ont en revanche mis au point une curieuse invention, dite *sucking machine* (ou machine à combustion), qui « fume » les cigares à la chaîne pour vérifier la qualité du tirage. Introduite en République dominicaine, elle y fait paraît-il merveille.

Il reste que rien ne saurait se comparer à un module fait main. Seuls la précision, l'expérience, le savoir-faire des *torcedores* permettent le travail de capes fines que la machine déchirerait. Grâces leurs soient rendues, donc, car sans eux point de grand cigare...

LES GALERAS

Strictement parlant, la *galera* est le cœur de la *fábrica*, l'atelier où sont façonnés les cigares. C'est un terme cubain, inspiré du fait que les premières manufactures recrutèrent leur main-d'œuvre... parmi les prisonniers. La disposition en ligne des tables sur lesquelles travaillaient alors les rouleurs – évoquant les galères – perdure, puisque les *vapores* (établis) des *torcedores* forment toujours de longues rangées silencieuses.

Un secret bien gardé

Une des curiosités des *galeras* est qu'on y confectionne, au sein d'une même *fábrica*, des cigares destinés à d'autres marques. Ainsi la manufacture Partagás produit-elle des modules labélisés Bolívar, Cohiba, Ramón Allones ou La Gloria Cubana. De même, H. Upmann roule pour Montecristo, Diplomáticos, Vegas Robaina – entre autres. La chose n'est possible que parce que le *torcedor*, s'il connaît à la perfection le dosage du mélange qu'il travaille, n'est jamais informé de la bague qui viendra le signer : secret de fabrication oblige, cette ultime étape sera réalisée loin de la *galera*, dans une pièce à température et hygrométrie constantes, l'*escaparate* (armoire), en fin de conditionnement.

Le rite du « lecteur »

Héritée de l'époque carcérale, la tradition du « lecteur » perdure dans les galeras. À ceci près qu'il ne s'agit plus de surveiller les détenus, mais de distraire et de faire l'éducation littéraire des torcedores. Le poste donne lieu à de sévères auditions organisées par les ouvriers eux-mêmes, très pointilleux sur la qualité de la prestation.

Les noms de galères

Si chaque marque a sa propre appellation pour désigner un format, les cigariers ont établi, au fil des ans, une classification extrêmement précise qui tend à s'institutionnaliser. Il faut dire que, sous le module « lonsdale », on pouvait trouver un dalia ou un cervantes ; sous celui de « gran corona », un corona gorda, un corona grande ou un cazador... Ces appellations officielles sont dites *galeras*, du nom des ateliers qui les virent naître. Ci-après, un aperçu des principales *galeras*[1] représentées dans le second volume de ce coffret et de leurs caractéristiques (taille, diamètre, cepo[2]), par ordre décroissant de format.

1. Il en existe 52.

2. Le cepo est le calibre du cigare, soit son diamètre calculé en 64e de pouce. Il tient son nom du petit instrument de bois qui permet au *torcedor* de contrôler ledit diamètre.

L'alignement des vapores *est directement issu des plans de travail originaux des prisons. Aujourd'hui plus conviviaux, ces lieux de travail n'en demeurent pas moins relativement silencieux, en raison de la concentration des* torcedores, *qui plus est attentifs aux propos du « lecteur ».*

Galera	**Longueur (mm)**	**Diamètre (mm)**	**Cepo**	**Module**
Pirámide	156	20,64	52	torpedo
Campana	140	20,64	52	torpedo
Exquisito	145	17,82	45	figurado
Gran Corona	235	18,65	47	especial
Prominente	194	19,45	49	double corona
Julieta	178	18,65	47	churchill
Corona gorda	143	18,26	46	gran corona
Robusto	124	19,84	50	robusto
Hermoso n° 4	127	19,05	48	robusto
Dalia	170	17,07	43	lonsdale
Cervantes	165	16,67	42	lonsdale
Corona grande	155	16,67	42	gran corona
Corona	142	16,67	42	corona
Mareva	129	16,67	42	petit corona
Almuerzo	130	15,87	40	petit corona
Minuto	110	16,67	42	très petit corona
Laguito n° 1	192	15,08	38	gran panetela
Delicado	185	14,29	36	gran panetela
Panetela larga	175	11,11	28	panetela

LES CONTRÔLES DE QUALITÉ

Si les grands cigares sont des produits nobles, c'est qu'ils font l'objet, à tous les stades de leur fabrication, de contrôles minutieux. Dès que le résultat n'est pas la hauteur des exigences, des mesures drastiques sont prises. Le consommateur se faisant toujours plus connaisseur, plus critique, les manufactures sont tenues de rester en permanence à l'écoute et de ne mettre sur le marché que le fruit de l'excellence.

L'évaluation du palais

Une fois le travail des rouleurs achevé, les cigares sont assemblés en demi-roues de 50 pièces portant chacune une fiche où sont mentionnées la référence chiffrée du *torcedor* et la date de fabrication des cigares. Taille, diamètre, homogénéité, compacité, texture, couleur sont contrôlés, puis c'est au tour des dégustateurs de la *fábrica* de tester la qualité de la production. Ils sont chargés d'évaluer cinq points, selon une grille précise.

• ***Le tirage :*** de très excessif à très insuffisant, sur une échelle comptant sept degrés.

• ***La force :*** de très fort à très léger, avec un total de huit nuances.

• ***L'arôme, la combustion et la saveur :*** d'excellent à très mauvais, en passant par six autres échelons.

La synthèse de ces valeurs donne l'appréciation globale du cigare. Toutes les vitoles testées font l'objet d'une feuille de notation dûment remplie par le dégustateur et conservée par le responsable de la session. Lui seul peut déchiffrer le code d'identification du cigare et de son rouleur, donc réagir ensuite à la qualité du travail.

Page de gauche : la guillotine, qui permet au torcedor *de trancher le pied du cigare et à l'amateur la tête, est un maillon essentiel du processus de fabrication, chaque module devant respecter des cotes très précises, notamment de longueur. Cela dit, cette photo joue avec la chronologie des opérations, puisque la bague ne sera posée que bien plus tard.*
Ci-dessous : la qualité de finition du pied d'un cigare influe de façon capitale sur le départ de la combustion, qui lui-même conditionne la suite du tirage.

Quand un cigare a été mal jugé, le responsable demande au dégustateur de justifier son appréciation. Si ce jugement diffère trop de celui des autres, le testeur sévère goûte un nouveau cigare de la même série. S'il maintient son évaluation, la vitole est défaite et examinée. En cas de défaut avéré, a fortiori sur plusieurs cigares d'un même *torcedor*, ce dernier sera rappelé à l'ordre.

Le contrôle de l'œil

Les demi-roues reconstituées sont livrées à un spécialiste qui vérifie la finition des têtes, puis la régularité des pieds. Il extrait ensuite dix cigares, dont il contrôle la couleur, la forme, l'homogénéité de la cape, puis la tension : tenue et souplesse doivent être au rendez-vous. Cet examen tactile permet en outre de mesurer la qualité du roulage, donc celle de la future combustion.
Les vitoles jugées insuffisantes *(rezagos)* sont écartées et consommées dans l'atelier. A moins qu'il ne s'agisse d'une simple anomalie de cape ; le cigare sera alors remis au *torcedor* qui l'a confectionné pour qu'il remplace la robe défectueuse.

D'autres contrôles auront encore lieu au moment du classement par couleur, du placement des bagues ou de la mise en boîte par l'*envasador*, chargé de veiller à la présentation générale, et singulièrement à la « montée chromatique » des nuances – du plus foncé au plus clair en partant de la gauche.
Cette vigilance de tous les instants, qui pourrait paraître tatillonne, est en fait la seule garantie de perfection du produit fini.

Un homme surveillé

Si le *torcedor* jouit d'un grand prestige, il est aussi astreint à des règles très strictes. Il faut savoir que les rouleurs sont répartis en plusieurs catégories, les plus expérimentés et les plus adroits se voyant confier les grands modules. Bien entendu, ces cigariers très qualifiés sont aussi les plus suivis. Ainsi, 20 % des cigares d'un *torcedor* sont contrôlés, de manière aléatoire bien entendu. Deux d'entre eux tout au plus peuvent présenter un léger défaut. Au-delà, toute la production sera vérifiée. Au terme de ce contrôle exhaustif, le taux de 4 % de cigares défectueux ne doit pas être dépassé, sous peine de retenues sur salaire.

L'ARCHITECTURE DU CIGARE

Qu'est-ce qu'un cigare ? « De la fumée », disait Rudyard Kipling. Certes. Mais encore ?
Nous avons vu où et comment poussait le tabac, les soins qu'il exige, les secrets de sa maturation. Nous savons quelle patience, quelle passion on lui témoigne tout au long du processus de culture, puis au cours du séchage et de la fermentation. Nous avons admiré l'adresse des écoteuses, le savoir-faire du *torcedor*... Mais nous n'avons pas encore détaillé la matière du cigare.

Le 3, chiffre clé

Que ce soit sur la longueur ou en épaisseur, le cigare se divise en trois. Dans le premier cas, on parle de tête – l'extrémité par laquelle on le tient en bouche –, de corps – le centre – et de pied – le bout que l'on allume. Cette division n'est pas purement « spatiale » ; elle correspond à une évolution des arômes et des saveurs que les connaisseurs déclinent ainsi : le foin, le divin et le purin. Termes évocateurs s'il en est.
En matière d'épaisseur, le cœur du cigare est constitué de la tripe, un assemblage de tabacs (à Cuba, les *seco*, *ligero* et *volado* évoqués *p. 24*). C'est ce mélange qui confère au cigare l'essentiel de son goût.
La tripe est enveloppée dans la sous-cape, généralement deux demi-feuilles de moindre qualité que celle de la cape. Elle a pour mission de retenir les tabacs convenablement pressés, de façon à assurer la qualité de la combustion.
Enfin voici la cape, la robe du cigare – comme on le dit d'un vin. C'est le tout premier atout d'un module, la séduction de l'œil. Mais elle renseigne également, si ce n'est sur la nature du mélange qu'elle habille, du moins sur la qualité de sa préparation et de sa conservation. La cape doit être lisse, homogène, dépourvue de taches vertes (qui trahissent l'excès de chlorophylle), grises ou crème (traces de moisissure). Les minuscules points blancs ne signalent qu'un léger surplus d'humidité ; un brossage les fera disparaître. Les trous, en revanche, sonnent l'alerte : votre cigare est habité par des lasiodermes.

Totalmente, hecho ou machine ?

Si nous avons rendu hommage aux véritables artisans du cigare, il faut savoir que tous les modules ne bénéficient pas de tels soins. Il existe en fait trois types de fabrication.

• ***Totalmente a mano :*** l'aristocratie du produit. C'est en fait la seule mention légale, dite aussi *hand made* ou *made by hand* hors de Cuba. De la confection de la tripe au lissage de la cape, toutes les opérations sont faites par le *torcedor*, qui choisit, taille, presse et roule à la main, muni de sa seule *chaveta*. Si l'œil du néophyte est ébloui par la régularité de ce travail d'orfèvre, un amateur exercé décèlera d'infimes différences d'un cigare à l'autre. Ce qui signe l'humanité de l'œuvre...

Page de droite : Ce superbe échantillon donne un aperçu de l'extrême variété des formes de tête des cigares. Notez, sur ces vitoles remarquablement réalisées, la qualité de finition de celles-ci, du cône le plus étroit à l'arrondi le plus plein.

• ***Hecho a mano :*** cette appellation traditionnelle, qui n'a plus cours officiellement (un havane de ce type sera simplement dit *hecho en Cuba*), qualifie un cigare dont seule l'enveloppe – sous-cape et cape, ou cape seulement, selon les fabriques – est roulée à la main. La tripe (*tripa corta*, des feuilles battues) est travaillée à l'aide d'un instrument dont le principal intérêt est d'assurer un excellent tirage (et un meilleur rendement...). Les connaisseurs déplorent une baisse d'intensité des saveurs.

• ***Machine :*** la méthode accélérée. Les cigares dits « machine » représentent actuellement les neuf dixièmes du marché. C'est dire le succès du procédé, appliqué à des tabacs moins nobles. La tripe est le plus souvent hachée (battue), et non en feuilles. La cape, plus grossière et moins grasse, est découpée puis posée automatiquement. Si le *torcedor* expérimenté produit une centaine de cigares à la journée, la machine en dévide de 800 à 4 000 à l'heure. Sans commentaire.

LES GRANDS MODULES

De droite à gauche (en réduction) : Montecristo « A », Romeo y Julieta Exhibición N° 2, Trinidad Fundadores, Partagás 155 e Anniversaire (Salomones, 180 mm, cepo 48, un format semble-t-il promis à un bel avenir), Saint Luis Rey Churchills, Rafael González Slenderellas, La Gloria Cubana Médaille d'Or N° 2, Rafael González Lonsdales, H. Upmann N° 2.

Nous commencerons notre tour d'horizon des modules par la présentation des plus grands d'entre eux et par celle des « hors norme », ces curiosités échappant à tout formatage.

Les « hors norme »

Comme cette appellation générique l'indique, il s'agit de formats « spéciaux » réalisés pour des occasions précises – hommage, commémoration, etc. – ou... pour le simple plaisir de la performance. Ils ne font évidemment pas l'objet d'une fabrication en série et relèvent plutôt de la collection de raretés.

L'especial (gran corona)

C'est le plus grand format classique : 235 mm de long pour un cepo de 47 (18,65 mm).
Voir : Hoyo de Monterrey Particulares Série Limitée et Montecristo «A» (gran coronas).

Le double corona (prominente)

Un module mythique, qui fut longtemps le préféré des grands amateurs : 194 mm et plus de long pour un cepo de 49 (19,45 mm).
Voir : Hoyo de Monterrey Double Coronas, Partagás Lusitanias, Punch Double Coronas, Ramón Allones Gigantes, Romeo y Julieta Exhibición N° 2, Vegas Robaina Don Alejandro.

Le churchill (julieta)

De belle longueur (178 mm), avec un cepo de 47 (18,65 mm), il fut inspiré par devinez qui ?
Voir : Bolívar Coronas Gigantes, El Rey del Mundo Taínos, La Gloria Cubana Taínos, H. Upmann Sir Winston, Punch Churchills, Quai d'Orsay Imperiales, Romeo y Julieta Churchills, Saint Luis Rey Churchills, San Cristobal El Morro.

Le dalia

Ce format a adopté le seul nom de la galera. Il était auparavant appelé lonsdale ou « super-lonsdale »: 170 mm de long pour un cepo de 43 (17,07 mm).
Voir : Bolívar Inmensas, Cohiba Siglo V, La Gloria Cubana Médaille d'Or N° 2 Verni, Ramón Allones 8-9-8 Verni.

Le lonsdale (cervantes)

Long de 165 mm pour un cepo de 42 (16,67 mm), c'est un format élégant et racé, à l'image du Britannique lord Lonsdale, pour lequel il fut conçu.
Voir : La Gloria Cubana Sabrosos, Partagás Lonsdales Cabinet Selection, Rafael González Lonsdales, Sancho Panza Molinos.

Le figurado (pirámide, campana, exquisito)

Sous ce terme sont réunis différents modules ayant en commun un resserrement de la tête qui provoque une amplification des arômes. Leur longueur varie de 140 à 156 mm et leur cepo de 45 à 52 (17,82 à 20,64 mm). Le plus connu de ces formats est le torpedo, en forme d'obus.
Voir : Cohiba Millenium 2000, Diplomáticos N° 2, H. Upmann N° 2, Montecristo N° 2, Partagás Pirámides Limited Edition, San Cristobal La Punta, Vegas Robaina Únicos (pirámides) ; Bolívar Belicosos Finos, Romeo y Julieta Belicosos (campanas) ; Cuaba Exclusivos (exquisito).

HABANA
MARQUEZ

LES MODULES MOYENS

De droite à gauche (en réduction) : Cohiba Coronas Especiales, Hoyo de Monterrey Le Hoyo des Dieux, Cuaba Exclusivos, H. Upmann Magnum 46, Ramón Allones Coronas Cabinet Selection, Romeo y Julieta Belicosos.

Les formats dits moyens sont actuellement les plus prisés. Il faut dire qu'ils s'adaptent particulièrement bien à l'époque et à ses exigences : la course de vitesse actuelle ne favorise guère la consommation des plus grands cigares, et la générosité de la plupart des modules moyens a beaucoup œuvré, dans les années 1980, pour leur succès. Le côté franc, abondant et confortable du robusto, allié à sa richesse et à sa complexité aromatiques, a ainsi fait de lui la grande vedette des deux dernières décennies. Et l'on peut parier que, si les choses continuent d'évoluer comme elles le font, l'avenir est au très petit corona...

Le robusto (hermoso n° 4, robusto)

Long de 124 mm pour un cepo de 50 (19,84 mm) si c'est un robusto, de 127 mm pour un cepo de 48 (19,05 mm) si c'est un hermoso, ce module allie une relative brièveté de combustion à une belle ampleur aromatique. Il a trouvé son public auprès d'une nouvelle génération d'amateurs en quête de plaisirs n'exigeant pas qu'on leur consacre trop de temps.
Voir : H. Upmann Connoisseur N° 1, El Rey del Mundo Cabinet Selección Choix Suprême, Romeo y Julieta Exhibición N° 4, Saint Luis Rey Regios (hermosos n° 4) ; Bolívar Royal Coronas, Cohiba Robustos, Juan Lopez Selección N° 2, Montecristo Robustos Limited Edition, Partagás Série D N° 4, Ramón Allones Specially Selected (robustos).

Le corona grande

Il s'agit ici d'une « famille » plus récente – dont l'appellation reprend la galera –, montrant si besoin était l'urgence qu'il y avait à intervenir en matière de définition des modules. Car les trois vitoles que nous vous présentons, et qui ont bien en commun une longueur de 155 mm et un cepo de 42 (16,67 mm), étaient respectivement cataloguées comme corona, gran corona et lonsdale...
Voir : Cohiba Siglo III, Hoyo de Monterrey Le Hoyo des Dieux, Punch Super Selection N° 1.

Le gran corona (corona gorda)

Long de 143 mm pour un cepo de 46 (18,26 mm), ce format développe une très belle palette aromatique. À ne pas confondre avec la galera du même nom, dont les cotes sont différentes (235 mm pour un cepo de 47, soit 18,65 mm de diamètre).
Voir : Cohiba Siglo IV, Hoyo de Monterrey Épicure N° 1, H. Upmann Magnum 46, Juan Lopez Selección N° 1, Punch Royal Selection N° 11, Punch Black Prince, Punch Super Selection N° 2, Rafael González Coronas Extra, Saint Luis Rey Série A, San Cristobal La Fuerza.

Le corona (corona)

Avec 142 mm de long pour un cepo de 42 (16,67 mm), le corona est longtemps demeuré la star incontestée du marché, avant que le robusto ne vienne grignoter son empire. C'est assurément un module très agréable, dont la popularité n'est pas usurpée.
Voir : Partagás Coronas Cabinet Selection, Ramón Allones Coronas Cabinet Selection, Romeo y Julieta Coronas, Sancho Panza Coronas.

CUABA

LES PETITS MODULES

De droite à gauche (en réduction) : Ramón Allones Petit Coronas, Gérard Père et Fils 444, H. Upmann Connoisseur N° 1, San Cristóbal de La Habana El Princípe, Cohiba Siglo I.

Il ne faut pas négliger les formats plus réduits, qui ont su prendre leur place dans notre vie : point n'est besoin d'être grand sociologue pour comprendre que le rythme quotidien de la plupart d'entre nous autorise plus aisément la consommation d'un petit corona que celle d'un churchill.

Recommandation préalable aux néophytes qui penseraient devoir s'initier au cigare en commençant par les plus petits formats : certains d'entre eux cachent bien leur jeu, ne manifestant pas la moindre suavité. Au contraire, ils se révèlent plutôt corsés, parfois jusqu'à l'âcreté, imprégnant l'atmosphère bien plus puissamment qu'on ne l'aurait présumé. D'autant que leur format réduit implique une compression accrue des tabacs au moment du façonnage, donc moins d'oxygène et une combustion plus délicate, voire plus ardue. Bien entendu, ceux que nous vous présentons figurent parmi les meilleurs et ne vous causeront aucun désagrément de la sorte. Tout au plus créeront-ils la surprise par leur fraîcheur, leur richesse aromatique et leur saveur épicée.

Le petit corona (mareva, almuerzo)

Avec 129 mm de long et un cepo de 42 (16,67 mm) pour le mareva, 130 mm et un cepo de 40 (15,87 mm) pour l'almuerzo, le petit corona est également un format très apprècié aujourd'hui, sans doute en raison d'un excellent rapport rapidité de combustion/richesse aromatique.

Voir : Bolívar Petit Coronas, Cohiba Siglo II, Partagás Petit Coronas Cabinet Selection, Por Larrañaga Petit Coronas Cabinet Selection, Punch Petit Coronas, Punch Royal Selection N° 12, Rafael González Petit Coronas, Ramón Allones Petit Coronas, Saint Luis Rey Petit Coronas (marevas) ; Hoyo de Monterrey Le Hoyo du Prince (almuerzo).

Le très petit corona (minuto)

Long de 110 mm pour un cepo de 42 (16,67 mm), ce petit module se consomme de préférence en matinée, où sa fraîcheur et sa tonicité font merveille – quand il est de qualité, bien entendu.

Voir : Partagás Shorts, Ramón Allones Small Club Coronas, San Cristobal El Príncipe.

Le panetela (laguito n° 1, delicado, panetela larga)

Les élégants formats regroupés sous ce nom de famille ne sont pas à proprement parler de petits cigares – ils figurent même parmi les longs.

En revanche, leur diamètre très fin ne permet pas de les classer parmi les grands modules.

Avec 192 mm de long et un cepo de 38 (15,08 mm), le laguito n° 1 est le premier de la classe. Suivent le delicado, 185 mm et 36 de cepo (14,29 mm), puis le panetela larga, 175 mm et 28 de cepo (11,11 mm).

Voir : Cohiba Lanceros, Trinidad Fundadores (laguitos n° 1) ; La Gloria Cubana Médaille d'Or N° 1 (delicado) ; La Gloria Cubana Médaille d'Or N° 3, Rafael González Slenderellas (panetelas largas).

Cigarrito et demi-tasse (laguito n° 3, entreacto)

Nous ne ferons qu'évoquer ces formats, qui ne présentent pas suffisamment d'intérêt gustatif pour trouver leur place dans cet ouvrage. Le laguito n° 3 est long de 115 mm pour un cepo de 26 (10,32 mm), l'entreacto de 100 mm pour un cepo de 30 (11,91 mm).

HIBA
SAN CRISTOBAL
DE
HABANA

LES COULEURS

Si elle n'entre que pour 5 à 7 % dans le goût d'un cigare, la cape joue un rôle esthétique primordial. Son homogénéité, sa souplesse, sa brillance ont leur importance, mais c'est en premier lieu la couleur qui séduit. Or, en la matière, chacun y va de ses préférences et... de ses préjugés.
Première contrevérité largement répandue : plus un cigare est foncé, plus il est fort. La finesse de la cape ne saurait prendre le pas sur la tripe, le corps du cigare, dont le mélange fait le goût. Seconde idée reçue : certaines teintes seraient l'apanage des meilleurs cigares. Il est des merveilles dans toutes les nuances, et seules les taches, les craquèlements ou les petits trous sont significatifs – en l'occurrence d'un défaut de qualité.

Une question d'étage

Si la maturation n'est évidemment pas sans effet sur la couleur définitive d'un cigare, c'est principalement la position de la feuille sur le plant qui détermine celle-ci. Du *libre de pie*, palier le plus bas, au *corona*, niveau supérieur, c'est la durée de vie qui compte. Les feuilles les plus hautes sont les plus exposées au soleil, les plus gorgées de sève : elles seront donc, et ce quelle que soit la variété de tabac, plus foncées que celles du degré inférieur, plus à l'ombre. D'autant qu'elles sont récoltées les dernières.

Une palette quasi infinie

Rendre compte de manière exhaustive des teintes du cigare est un défi impossible à relever, d'autant que l'on peut nuancer à l'infini cette gamme. Rappelons que les instances cubaines elles-mêmes ont référencé la bagatelle de 92 couleurs. C'est dire... Pour nous en tenir à l'essentiel, voici une synthèse rapide des principales nuances.

• ***Clarísimo :*** vert (de jaune-vert à vert olive léger). Très prisée des Nord-Américains, notamment, dans les années 1950-1960, cette couleur était obtenue par une sous-exposition au soleil, puis fixée en enfumant la feuille au charbon de bois. Si le tabac ne gardait pas le goût de fumé, il ne conservait pas non plus... le sien. Singulièrement dénués d'arômes et de saveurs, les cigares étaient aussi, par manque de maturation, friables et peu aptes à la garde.

• ***Claro :*** de blond clair *(claro claro)* à fauve léger *(claro)*. Également dites *gold*, ces teintes jaunes, en vogue dans les années 1960-1970, sont celles des étages inférieurs de la plante, moins exposés au soleil. Bien entendu, le *claro* témoigne, dans cette gamme légère, d'une cueillette plus tardive et d'une maturité supérieure.

• ***Colorado :*** brun clair *(colorado claro)* à brun-rouge *(colorado)*. Tous nuancés de rouge feu, ces tons évoquent l'ocre pigmenté. On s'élève ici sur le plant, avec des feuilles ayant plus longtemps goûté au soleil. Sans doute – du moins à nos yeux – la plus belle teinte. Elle a d'ailleurs retrouvé les faveurs du public ces vingt dernières années.

• ***Maduro :*** de brun soutenu *(maduro colorado)* à brun très foncé *(maduro)*. On est ici dans la gamme la plus répandue, celles des étages supérieurs de la plante, à

texture grasse. Les feuilles sont parmi les plus exposées, les plus épanouies, les plus mûres. Concentration et puissance obligent : pour amateurs avertis seulement.

• ***Oscuro*** ou ***negro :*** brun noir à noir. Seules les feuilles situées tout en haut de la plante, ayant pris beaucoup de soleil et qu'on a menées à maturité complète, peuvent revêtir de telles teintes. Ces tabacs exceptionnellement corsés, durs et rassasiants, sont généralement originaires du Brésil ou du Nicaragua. Ils ne s'adressent qu'à de – rares – connaisseurs capables de les supporter.

Au sein de la fábrica, *c'est* l'escogedor *(ou l'*escogedora*) qui classe les cigares d'un même format selon les variations de teinte. Officiellement, les instances cubaines comptent 92 nuances. C'est dire la difficulté de la tâche. Au moment de l'emboîtage, cette « montée chromatique » sera respectée, de gauche à droite et du plus sombre au plus clair.*

CAISSONS ET CABINETS

Si l'on excepte les rares pièces présentées individuellement – Magnum de José Gener – et quelques grands modules conditionnés par 10 unités, les cigares sont proposés soit en caisson, ou boîte, de 25 unités, soit en cabinet de 25 ou 50. Ces contenants sont tous en bois de cèdre (dont le parfum présente le double avantage d'être si proche de celui du tabac qu'il en devient neutre et... si amer qu'il décourage les insectes les plus voraces), mais les cigares y sont disposés différemment.

Les caissons

On distingue traditionnellement trois types de caisson :

• ***La boîte traditionnelle de 25 pièces :*** les cigares y sont présentés en deux couches respectivement de 12 et de 13 unités (rangée supérieure), séparées ou non, selon les marques, d'une feuille de cèdre. Parfaitement alignées, de couleur homogène – résultat du soigneux tri effectué à la *fábrica* par l'*escogedor*, seul capable de distinguer près d'une centaine de nuances de cape –, les vitoles sont habillées de leurs bagues, toutes rigoureusement placées à même distance de la tête et qu'une fine bande de papier paraffiné vient parfois souligner. Les éventuels défauts mineurs de la cape (léger veinage) sont soigneusement dissimulés du côté non apparent. Précaution purement esthétique visant à parfaire l'ouvrage, puisque, du point de vue des saveurs, cet aspect n'a aucune incidence.

Les boîtes traditionnelles sont, pour la plupart, l'objet de soins attentifs, particulièrement en ce qui concerne l'intérieur : tout tapissé de blanc, celui-ci présente, au revers du couvercle, une *vista* (vue) qui signe la gamme. D'inspiration très variée, toujours haute en couleur, cette vignette est reproduite sur le rabat de papier qui recouvre les cigares *(voir aussi p. 42).*

• ***La boîte nature :*** plus large et plus haute que la précédente, elle est en cèdre brut non verni. Son principal atout est de ménager davantage d'espace aux cigares, qui peuvent ainsi conserver leur forme arrondie, sur deux ou trois rangées. C'est de cette dernière formule, déclinant les vitoles par 8, 9 et 8 pièces, que plusieurs d'entre elles tiennent leur nom (8-9-8 de Partagás, par exemple).

• ***La boîte semi-nature :*** elle affiche les mêmes caractéristiques que le modèle précédent, à ceci près qu'elle est en bois verni.

Dernier détail : il existe deux modes de fermeture pour les caissons, le clou traditionnel et le bouton à pression.

Les cabinets

Ce type de conditionnement, plus cubique, est destiné aux meilleurs modules d'une gamme. En bois naturel ou verni, à couvercle coulissant *(slide box)*, il permet une présentation en demi-roue (50 pièces) ou quart de roue (25). Les bottes sont tenues par une ceinture dorée, portant le nom de la marque, et entourées d'un large ruban de papier paraffiné qui permet aussi de les soulever au moment de choisir sa vitole. Une feuille de cèdre les protège.

Il n'est pas innocent que le cabinet soit réservé aux « têtes de cuvée » : les cigares y mûrissent sans doute mieux – sur le long terme, il semble que ce conditionnement joue un rôle équivalent à celui du magnum pour un grand cru ; mais, surtout, ils y conservent leur beauté originelle, leur élégance soyeuse, mises en valeur par la superbe rondeur de la demi-roue. Cela dit, en la matière comme en d'autres, tout est affaire de goût...

Petit résumé des atouts comparés

Cabinet

– Maintient mieux l'équilibre hygrométrique (il n'y a pas de « barrière » de papier entravant la circulation de l'air et le filtrage de l'humidité), surtout quand il s'agit de bois naturel non verni.
– Conserve aux cigares leur rondeur.
– Permet, en la soulevant par la ceinture, d'embrasser d'un seul coup d'œil l'ensemble de la botte.
– Offre un contact sensuel avec celle-ci, que l'on peut prendre complète dans la main.
– Améliore sur le long terme le vieillissement, donc l'espérance de vie du cigare.
– Joue le rôle d'un écrin pour ce somptueux bijou.

Caisson

– Présente d'indéniables atouts pratiques de rangement.
– Protège très bien les cigares, notamment en voyage.
– Se pare d'attraits multiples par le biais des *vistas*.
– L'alignement parfait des pièces, et notamment celui des bagues, ne manque pas non plus de charme dans sa rigueur.

Page de gauche : une boîte traditionnelle, tapissée de blanc, révèle le strict alignement des bagues et des cigares, qui y acquièrent peu à peu une forme carrée.
Ci-contre : dans le cabinet, les vitoles, non baguées, protégées d'une feuille de cèdre et d'une bande paraffinée, conservent leur rondeur d'origine.

VISTAS D'HIER ET D'AUJOURD'HUI

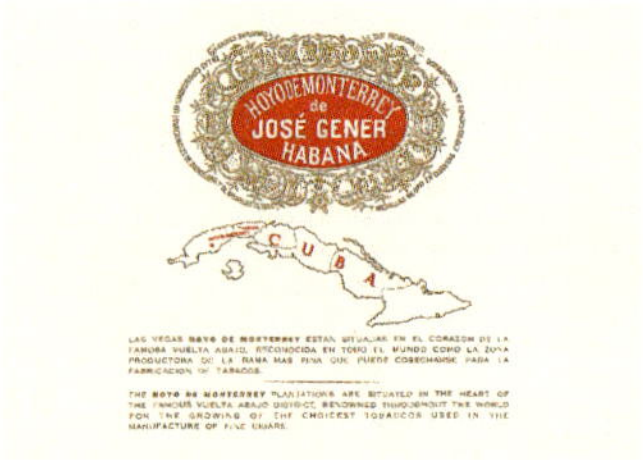

La légende veut que ce soit Ramón Allones qui, le premier, en 1845, décidât de faire décorer les boîtes de La Eminencia. Depuis, ce que l'on nomme la *habilitación* – l'habillage – s'est enrichi de milliers de motifs flamboyants.
Les *vistas* sont un des agréments majeurs des caissons traditionnels. Images religieuses, bucoliques, fresques mythologiques, voire, plus simplement, historiques, elles sont beaucoup plus qu'une ornementation : souvent inspirées par l'aventure de la marque, elles en dessinent, parfois dans le registre fantasmagorique, l'identité.

L'art délicat de la « réclame »

La *vista* a en fait une double mission : signer une gamme de façon très lisible – si lisible qu'elle soit immédiatement reconnaissable – et séduire. C'est ainsi que les lithographes chargés de ces créations ont longtemps eu recours à des sujets forts tirant l'image de la marque vers les sommets : allégorie échevelée de la Liberté, représentation de la Vierge, corne d'abondance, portraits de chefs d'État et autres têtes couronnées... Le tout dans des couleurs chatoyantes rehaussées d'or. Il s'agissait non seulement d'affirmer la qualité de la marque – ce que se chargeaient de faire les nombreuses médailles, vestiges de concours remportés çà et là de par le monde, figurant sur la *vista* –, mais de l'inscrire dans un grand dessein qui exalte autant les artisans du cigare que les consommateurs. Voilà pourquoi, aussi, nombre de figures d'écrivains ou de héros de fiction firent leur apparition sur ces vignettes.

Autres temps, autres motifs

Aujourd'hui, les *vistas* font preuve de plus de sobriété et de simplicité. Mais, surtout, elles se rapprochent du quotidien, de la terre, de l'histoire : scènes de travail aux champs, visages de *vegueros*, paysages locaux ont fait leur entrée dans cet univers esthétique, reflétant à n'en pas douter une évolution des mentalités et des aspirations. Les rêves aussi ont changé.
Nous vous proposons ici des modèles certes fort différents stylistiquement parlant, mais qui partagent tous une indéniable richesse d'inspiration, une réelle chaleur et une belle vitalité.

En haut : petite palette de vistas illustrant bien la variété des styles, du plus graphique au plus illustré, avec force médailles.
Page de droite : bel échantillon de vistas anciennes, qui feraient sans doute la joie d'un collectionneur.

HABANA
CARACOL
HABANA
FABRICA DE TABACOS
FLORINDA
de SIMON VELA
PINAR DEL RIO. - HABANA
HECHO EN CUBA
SANTA DAMIANA
HABANA
CARLOS GARCIA & CO'S
MONET
CLEAR HAVANA CIGARS
LOS ST
MBOLO
PAX ET
JUSTITIA
TABACOS
COMODORO
Habana Cuba
GRAN FABRICA DE T
JOSE JIMENEZ PEREZ
T. PEREZ PEYER
USIVO PARA VENEZUELA
CAS - VENEZUELA.

BAGUES D'HIER ET D'AUJOURD'HUI

Les bagues sont l'ultime ornement des cigares. Posés généralement après la fumigation – soit quand l'*escogedor* a livré sa sélection par couleur, précédant la mise en boîte –, les *anillos* sont le véritable sceau de la marque, celui qui, dans n'importe quel endroit du monde et quel que soit le moment de la dégustation, distingue une vitole d'une autre.

Cher Monsieur Bock

Si la légende veut que les grands d'Espagne aient inventé l'ancêtre de la bague en entourant les vitoles d'un ruban destiné à protéger leurs gants immaculés, la version la plus communément admise concernant la diffusion de cette innovation est la suivante : un certain Gustave Bock, négociant hollandais installé à La Havane, s'avisa dans les années 1850 de la nécessité qu'il y avait à protéger les lots qu'il exportait afin qu'ils ne fussent pas mêlés à d'autres. S'inspirant de la coutume voulant qu'on honorât un hôte en imprimant une bague à son nom, il systématisa la pratique, qui présentait en outre l'intérêt non négligeable d'identifier clairement sa production auprès de sa clientèle étrangère – procédé inédit à l'époque. Le 25 octobre 1854, l'Union des fabricants de La Havane acceptait officiellement le principe du baguage.

Le rouge et l'or

Dès l'adoption du système par l'ensemble des fabricants, ce fut la course au modèle le plus élégant, le plus riche, le mieux identifiable. Le rouge et l'or s'imposèrent donc très vite, souvent avec une stupéfiante ingéniosité dans l'art de se distinguer. Et, si bien des modèles imaginés ne furent jamais commercialisés – notamment ceux créés pour une circonstance précise, éphémère, ou un événement d'ordre privé –, tous les collectionneurs vous le diront : l'univers des bagues compte nombre d'authentiques chefs-d'œuvre.

La technique d'impression des bagues est longtemps restée la même : gravure, saupoudrage en cours de séchage de dorures pulvérisées, vernissage, puis gaufrage. Les feuilles imprimées, à raison de 72 bagues par feuille, étaient ensuite adressées par lots de 500 unités au fabricant.

Avec le temps...

Les bagues dites modernes montrent souvent plus de sobriété, de discrétion et... de cynisme commercial que leurs ancêtres.

À l'ère du marketing et de la communication, il faut faire clair, rapide et précis : nom de la marque, éventuellement pays de provenance, point.

Efficacité prime.

Il reste aux amateurs de merveilles à l'ancienne les bagues d'origine toujours utilisées par de grandes marques et... les ventes aux enchères !

Les bagues varient de style, du plus simple au plus alambiqué, mais partagent la richesse des couleurs, mêlant généralement l'or, le rouge, le blanc et le noir. Si les créations les plus récentes sont assez sobres, la passion des collectionneurs va toujours vers les motifs anciens les plus travaillés, voire baroques.

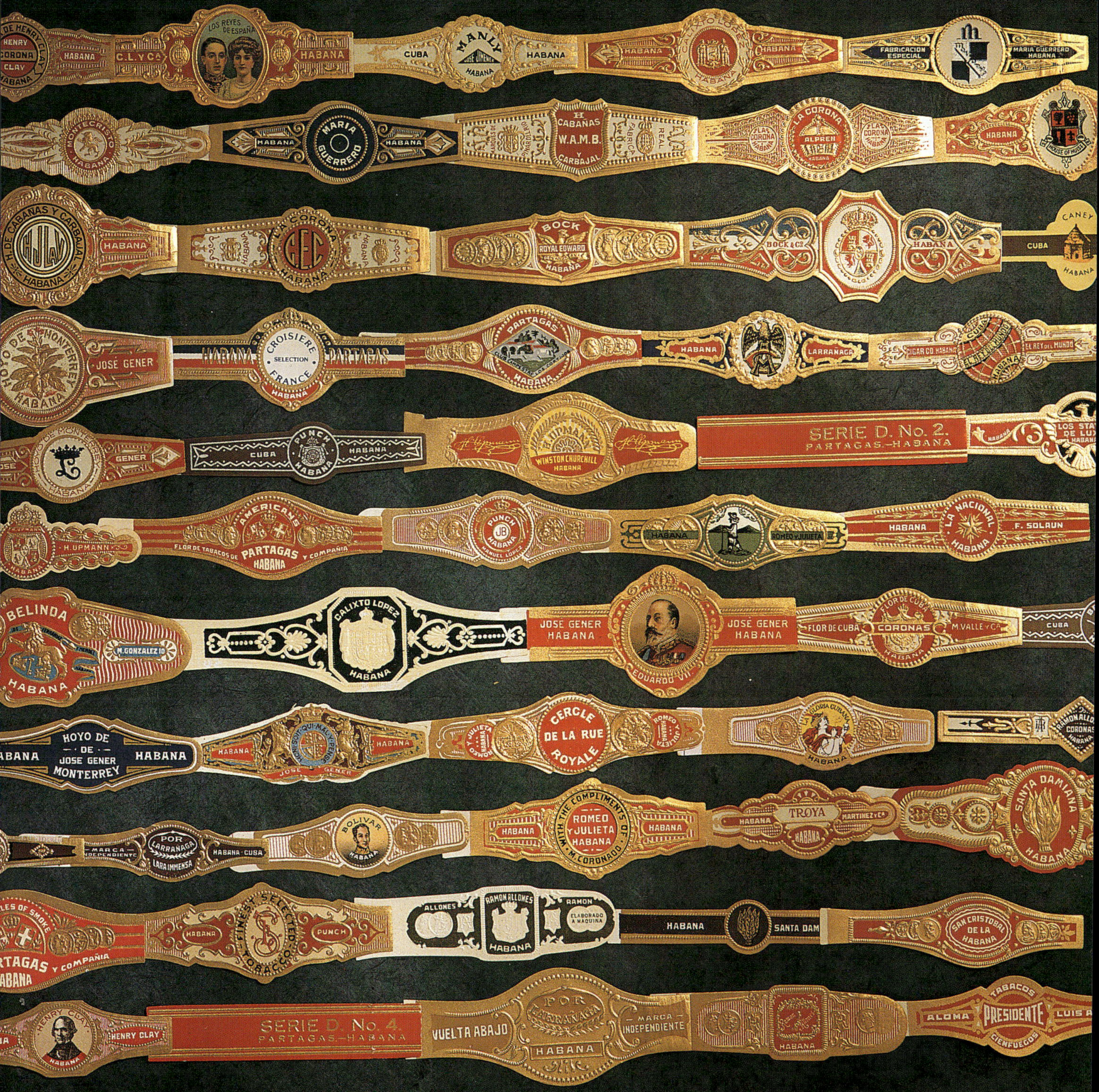

HENRY CLAY
HABANA
C.L.Y CA
LOS REYES DE ESPAÑA
CUBA
MANLY
FABRICACION ESPECIAL
MARIA GUERRERO
MONTECRISTO
MARIA GUERRERO
H. CABAÑAS Y CARBAJAL
W.A.M.B.
LA CORONA
HOUSE OF HAVANA
H. DE CABAÑAS Y CARBAJAL
BOCK
ROYAL EDWARD
BOCK & Cª
CANEY
HOYO DE MONTERREY
JOSÉ GENER
CROISIÈRE
SELECTION
FRANCE
PARTAGAS
LARRAÑAGA
CIGAR CO. HABANA
EL REY DEL MUNDO
PUNCH
WINSTON CHURCHILL
SERIE D. No. 2.
PARTAGAS.—HABANA
H. UPMANN
AMERICANS
FLOR DE TABACOS DE PARTAGAS Y COMPAÑIA
ROMEO y JULIETA
LA NACIONAL
F. SOLAUN
BELINDA
M. GONZALEZ
CALIXTO LOPEZ
EDUARDO VII
FLOR DE CUBA
CORONAS
M. VALLE Y Cª
HOYO DE MONTERREY
JOSE GENER
CERCLE DE LA RUE ROYALE
TROYA
SANTA DAMIANA
POR LARRAÑAGA
BOLIVAR
WITH THE COMPLIMENTS OF
ROMEO Y JULIETA
M. CORONADO
FINEST SELECTED TOBACCO
RAMON ALLONES
ELABORADO A MAQUINA
SANTA DAM
SAN CRISTOBAL DE LA HABANA
PARTAGAS Y COMPAÑIA
SERIE D. No. 4.
PARTAGAS.—HABANA
VUELTA ABAJO
POR LARRAÑAGA
MARCA INDEPENDIENTE
PRESIDENTE
TABACOS
CIENFUEGOS

LA CONSERVATION

La conservation du cigare est un sujet ardemment débattu. Chacun en tient pour sa méthode, son idéal d'équilibre. Il faut savoir que la fragile matière du cigare réagit quasi instantanément à toute variation de température ou d'hygrométrie. On peut donc « tuer » un module dans des délais très brefs. Si le froid sec est le plus redoutable des ennemis – le corps se raidit, la cape se déchire, l'ensemble devient âcre et brûlant au palais –, la chaleur ou l'excès d'humidité ne valent guère mieux – gondolement du cigare, moisissure de la robe et fermentation massive, le tout laissant en bouche une impression pâteuse. Là comme ailleurs, on veillera donc au juste milieu – celui qui assure la pleine expression des saveurs.

Une hygrométrie vitale

Première précaution à prendre : vérifier que l'on vous vend un cigare en parfait état. Pour évidente qu'elle soit, cette précaution se révèle plus utile que l'on ne pourrait le croire, trop de détaillants se munissant certes d'armoires adéquates, mais dont l'hygrométrie n'est vérifiée qu'épisodiquement. Quand ils ne présentent pas les pièces sous leur cellophane ou dans leur tube d'origine ! Il faut savoir qu'on ne « répare » pas un cigare maltraité. Il ne sera, au mieux, qu'un éternel convalescent menacé par une éventuelle rechute, qui lui serait fatale.

On considère généralement qu'un taux d'humidité de 70 % (environ) permet aux vitoles de vivre en pleine santé la totalité de leur âge, soit une quinzaine d'années pour les meilleures. Au-delà, tel un grand vin, elles déclinent, perdant en saveur et en force.

De la constance avant toute chose

Si la plupart des amateurs, même débutants, pressentent qu'on ne laisse pas des cigares au soleil – ni derrière une vitre exposée plein sud –, certains, ne disposant pas de cave, ou à l'occasion des vacances, placent les leurs au réfrigérateur. L'effet est tout aussi dévastateur : le froid tue rapidement le cigare, qui se « casse ».

La température idéale se situe entre 17 et 20 °C. Mais l'essentiel n'est pas là : le danger réside en fait dans les variations excessives, soudaines et répétées du « climat ». Si le cigare peut supporter un certain temps une atmosphère un peu chaude ou un peu froide, un excès de sécheresse ou d'humidité, le « choc thermique », surtout réitéré, est à terme mortel. De bonnes conditions de conservation sont donc, avant tout, des conditions constantes.

Un « goût anglais » sous influence

Tout amateur s'est entendu dire que, traditionnellement, le « goût anglais » allait aux cigares plutôt secs, en tout cas beaucoup moins humides qu'il n'est de coutume dans le reste de l'Europe. On situe ce taux d'hygrométrie autour de 60 %. Or il ne s'agit pas ici de goût, mais d'une habitude acquise du fait que, jadis, on importait le tabac le moins humide possible, pour alléger les droits de douane, établis sur la base du poids de la cargaison… Voilà pourquoi des générations de consommateurs britanniques ont dégusté des cigares relativement secs.

Page de gauche : il n'est meilleure façon de vérifier la qualité de conservation d'un cigare que de le presser fortement du doigt ; en quelques minutes, une vitole bien humidifiée retrouve sa forme d'origine.
Ci-dessus : opérant un retour sensible depuis quelques années, les jarres font aujourd'hui d'excellents humidors (voir aussi page 49).

DU BOIS À L'ALTUGLAS, L'HUMIDOR

Si le travail des professionnels en matière d'humidification à long terme exige savoir-faire et rigueur, l'amateur trouve aujourd'hui sur le marché des caves lui facilitant considérablement la tâche. Encore faut-il choisir l'humidor le plus adapté à son type de consommation – formats favoris, fréquence de dégustation, mode de vie, etc. La gamme des modèles est désormais fort étendue, tant dans les formes et les matières que dans les « performances » proposées.

L'humidor en bois

C'est le plus ancien des contenants. Stylé, racé, jouant parfois de subtiles différences d'essences – jusqu'à la marqueterie la plus raffinée –, il vaut principalement par son esthétique, dans le cadre d'un bureau ou comme pièce à part entière d'un mobilier. Car son efficacité est quant à elle très relative : les cigares des étages supérieurs seront très humides – voire trop –, quand ceux du dessous se dessécheront, manquant cruellement de souplesse. De plus, pour peu qu'on y place des modules de diverses marques et formats, le mélange des parfums risque de tuer les arômes propres à chacun d'entre eux, les masquant dans un voile peu engageant d'effluves indéfinissables. Quand ce n'est pas le bois lui-même qui, au fil des ans, imprègne les cigares d'une détestable odeur d'humidité rance. Ainsi, et bien qu'on note de fortes variations de qualité selon l'essence utilisée, la façon dont elle a été travaillée, la présence ou non de vernis, on réservera prudemment l'humidor en bois à la conservation de petites quantités sur de courtes périodes, ou, mieux, en profitant de son indiscutable élégance, à la seule présentation des cigares, renouvelés régulièrement.

L'humidor en Altuglas

De création beaucoup plus récente, ce matériau permet une conservation homogène sur le long terme, préservant la personnalité des cigares. Qualité de conservation encore accrue si l'on prend soin de laisser les modules dans leur caisson d'origine, le cèdre jouant le double rôle de capteur et de filtre : si le tabac est trop sec, il puise dans l'excédent d'humidité du caisson ; si l'hygrométrie est en excès, il en absorbe une bonne part, protégeant ainsi l'intégrité de la cape. Mais le principal atout de l'Altuglas est sa capacité à retenir longtemps l'humidité adéquate : on n'a guère besoin de réalimenter l'humidor que tous les trois mois, en fonction bien sûr de ses goûts et après avoir vérifié sur l'hygromètre que cela était bel et bien nécessaire. Précaution indispensable, toutefois : éviter les sources

Recette miracle
Pour déguster vos cigares à leur meilleur, voici notre conseil :
- Conservez vos puros dans leur boîte, placée dans un humidor.
- Transposez-les en jarre, où ils retrouveront leur vigueur.

Le marché offre aujourd'hui une très large gamme d'humidors, permettant à tout amateur d'orchestrer une bonne conservation de ses cigares en fonction de ses besoins.
Page de gauche : une cave en Altuglas, avec hygromètre intégré.
Ci-contre : un coffret de voyage en bois recouvert de cuir, élégant mais moins efficace à long terme.

de chaleur à proximité (chauffage, cheminée, soleil), la combinaison humidité-chaleur activant la fermentation du tabac, peu recommandée. Enfin, on changera l'eau stagnante tous les six à huit mois *sans détergent*, et la mousse tous les trois ans en moyenne, afin d'assurer une parfaite hygiène.

Les jarres
Les premières jarres sont apparues au cours du xxe siècle : en verre, plus proches du bocal que de l'humidor classique, elles n'étaient pas d'une grande efficacité : une fois le contenant ouvert, les cigares devaient être rapidement transférés dans un humidor digne de ce nom, sous peine de dessèchement fatal. Mais leur beauté – par exemple celle de la superbe présentation en jarre de 25 ou 50 pièces créée par H. Upmann pour le Cristal – leur conserva longtemps les faveurs d'un public raffiné.
La fin du siècle vit le renouveau des jarres avec des réalisations en porcelaine. Celles que nous avons mises au point après des années de recherche avec la maison Bernardaud de Limoges permettent de conserver leur fraîcheur aux cigares, du moins sur le court terme (six mois environ) : les vitoles y gagnent même en densité, en compacité, en concentration aromatique. La cape est quant à elle moelleuse et onctueuse à souhait.

Enfin, signalons la récente mise sur le marché d'armoires en bois munies d'un humidificateur. Les plus hautes atteignent 1,20 m. L'avenir nous dira ce qu'il faut en penser...

LA MATURATION

A l'instar d'un grand vin, le cigare exige des soins assidus pour atteindre la maturité parfaite. C'est évidemment la tâche des spécialistes, de ceux qui vous proposent ensuite des cigares au mieux de leur qualité.

De l'art d'élever un cigare

Le travail de maturation commence, paradoxalement, bien en amont du stockage. Dès la récolte, en fait, qui est soigneusement examinée. C'est à cette seule condition que l'on peut subodorer ce que seront un jour les caractéristiques des mélanges à venir.
Il ne faut pas confondre fermentation et maturation. La première est en fait la vie biologique du cigare, le phénomène qui lui permet, en permanence, d'évoluer. La seconde met en harmonie les différents tabacs et donne à l'ensemble son unité. Car, si l'on se contente de goûter le cigare fraîchement roulé, on n'aura qu'une association de saveurs encore désunies.
Il faudra du temps pour que tout cela s'harmonise et trouve son identité propre.

A l'ombre des caves

La maturation ne va pas seulement donner au cigare le temps de trouver son unité de goût, elle lui permet aussi d'exsuder les restes d'huile de feuille pour ne conserver que les valeurs grasses qui souligneront la complexité de son bouquet. Enfin, chaque module acquiert durant cette période l'alliance de fermeté, de souplesse et de densité qui feront son charme tactile – non des moindres.
Une maturation bien conduite exige un travail considérable, fait de soins minutieux et d'un suivi permanent. Il faut régulièrement ouvrir les boîtes, brosser les pièces une à une, délicatement, pour les débarrasser de la fleur d'humidité, mais aussi de la poussière de bois qui pourrait en obstruer les pores.
Les normes de conservation sont alors draconiennes, afin d'éviter, notamment, tout accident « climatique » – rupture d'hygrométrie, de température, etc. – qui, à ce stade, serait meurtrier.
Chaque spécialiste a ses secrets, tel un œnologue ou un maître de chai. Par définition, il ne les livre pas ; nous ne pouvons donc aller plus avant dans les techniques. Mais l'objectif, lui, est toujours le même : permettre aux pièces d'atteindre leur pleine maturité – à l'instar d'un grand cru qui attend patiemment son heure avant d'offrir le meilleur de lui-même. Car, on ne le dira jamais assez, le cigare est un produit vivant qu'il faut aider, après la succession de brusques changements intervenant dans sa prime jeunesse, à prendre son rythme de croisière. Alors, seulement, la perfection est envisageable.

Précautions d'usage

L'amateur en visite à Cuba ne peut qu'être tenté d'acquérir les très beaux cigares que de vieux *torcedores* proposent çà et là à la vente. Dans certains lieux, on vous roulera même des *puros* « sur mesure », à votre goût. Attention, toutefois, aux petits déboires...

• Quelque talent que mette le vendeur à vous persuader du contraire, il ne vous pas préparé un « authentique » Coronas Gigantes de Bolívar ni un Lusitanias de Partagás. Rappelons-le : les *torcedores* ne connaissent pas le secret de fabrication des marques et seraient bien incapables d'attribuer à qui que ce soit la propriété du mélange qu'ils manient.

• Un cigare frais travaille encore ; en quarante-huit heures, il va prendre une amertume désagréable. Dégustez donc le « nouveau-né » sur-le-champ, avant que l'excès d'humidité – habituellement résorbé par le passage de plusieurs semaines dans l'*escaparate* – ne nuise provisoirement aux sensations gustatives.

• Si vous avez décidé de conserver votre cigare, évitez de coucher le vagabond au milieu d'autres vitoles acquises de manière plus classique : n'ayant pas été soumis à la fumigation, il abrite probablement tout un petit peuple de vers qui se feront une joie de dévorer goulûment votre collection une fois qu'ils en auront fini avec leur actuel refuge...

Page de gauche : un bon suivi des vitoles implique, notamment, leur brossage régulier, afin de les débarrasser de la fleur d'humidité. Ci-contre : au sein de nos salles de maturation, les cigares atteignent leur plein épanouissement, comme en témoigne cette demi-roue Sélection des Sélections Gérard Père et Fils, visiblement en parfaite santé.

PRÉPARATION ET ALLUMAGE

S'il est un domaine où chaque amateur a ses préférences et se sent en mesure d'édicter ses règles, c'est bien celui de l' « avant ». Les moments qui précèdent la première bouffée sont, il est vrai, chargés d'attente et de désir. Et nous verrons, en abordant plus précisément l'art de la dégustation, que celle-ci commence en fait très en amont. Mais n'anticipons pas...

La coupe

L'incision de la tête du cigare doit être nette, ni trop importante – ce qui risquerait d'accélérer inutilement la combustion – ni trop réduite – ce qui pourrait entraver la perception des arômes.
Hormis cela, et bien qu'il existe de nombreuses techniques de coupe – sans parler de celles, plus ou moins fantaisistes, que certains amateurs mettent au point dans le secret de leur fumoir –, point de loi intangible. Nous nous en tiendrons donc aux procédés les plus classiques.

• ***La guillotine :*** à lame simple ou double, elle donne lieu à de multiples versions, des plus modestes, en plastique, aux plus luxueuses, en métal précieux ou en nacre. Très pratique, puisqu'elle peut se glisser dans une poche, elle se révèle particulièrement efficace munie d'une lame double en acier trempé.

• ***Le biseau :*** en vogue dans les années 1950-1960, sur des cigares peu humides, il est beaucoup plus rare aujourd'hui. Sa découpe en V, peu précise, peut entraîner quelques dommages.
De plus, il est inutilisable sur les gros modules.

• ***Les ciseaux :*** plus lourds, ils sont destinés à demeurer dans un endroit précis (salon, bureau).
Ils n'en sont pas moins extrêmement efficaces. Leur élégance raffinée peut atteindre des prix vertigineux.

• ***L'emporte-pièce :*** de retour après une longue période de purgatoire injustifié, ce petit ustensile cylindrique, dit aussi « tarière », permet de pratiquer une incision par simple pression sur la tête du cigare. L'ouverture, moins importante qu'avec les autres accessoires, suffit pourtant à assurer la combustion.

• ***Le cortador :*** réplique parfaite, à échelle réduite, de la *guillotina* du *torcedor* – instrument de calibrage en longueur –, il ne se contente pas d'être un outil remarquable : c'est aussi un bel objet, ce qui ne gâche rien...

L'allumage

L'allumage est une étape capitale. Et, là encore, les écoles se multiplient : tel humidifie son cigare, tel autre le chauffe, un troisième en trempe la tête dans l'alcool (vieille tradition ibérique), le tout avant d'avoir recours aux feuilles de cèdre, aux allumettes, au briquet, voire à la bougie. Pour notre part, nous privilégions la pureté du produit. Tout parfum parasite nous semble donc à proscrire.

• ***Les accessoires :*** préférez les allumettes – particulièrement les longues, en bois de cèdre –, le briquet à gaz – surtout pas d'essence ! – ou le chalumeau – dont il vous faudra néanmoins apprendre à maîtriser la puissance de flamme. Évitez, outre le briquet à essence, la bougie, qui modifie sensiblement et durablement le goût du cigare.

• ***Le procédé :*** allez au plus simple. Tenez votre vitole entre le pouce et l'index – et non en bouche. Approchez une bonne flamme à 1 cm environ du pied. Faites lentement tourner le cigare au-dessus, portez-le à vos lèvres, approchez de nouveau la flamme et marquez un léger temps d'arrêt avant d'aspirer la première bouffée, qui permettra au pied de s'embraser uniformément. Le grand voyage commence...

Pitié pour vos cigares

Certains continuent de couper leur cigares avec les dents ou un ongle. Nous vous conseillons, si vous n'êtes pas très aguerri, de renoncer à de telles méthodes : outre le fait qu'il relèverait du miracle que vous obteniez ainsi une incision nette – il faut l'expérience d'un cigarier cubain pour parvenir à quelque chose d'acceptable –, vous risquez non seulement d'endommager la cape, mais de gâcher la dégustation par la présence en bouche de résidus filandreux. Dans le même ordre d'idée, bannissez le couteau mal aiguisé, les ciseaux de cuisine et les lames de rasoir. Vos cigares – et vos doigts – vous en seront éternellement reconnaissants.

L'ART DE DÉGUSTER

La dégustation est avant tout affaire de plaisir. Aucune règle ne saurait donc s'imposer. Il n'y a pire fumeur que celui qui prend des poses et se croit obligé d'articuler d'un ton définitif telle sentence pompeuse sur la meilleure façon – la seule ! – de savourer un cigare. Néanmoins, on peut accroître le plaisir en l'affinant : comme on a dans l'enfance appris à déchiffrer les lettres, on peut s'initier aisément aux arômes et aux saveurs, enseigner au nez et au palais à les définir avec plus de précision. Et parce que l'on apprécie mieux ce que l'on connaît, voici quelques points de repère qui vous mettront sur la voie du bonheur.

Les cinq sens du cigare

Un cigare se déguste en faisant appel à tous les sens – ou presque. S'il ne faut pas exagérer l'importance de l'ouïe, qui n'est qu'accessoirement sollicitée, la vue, le toucher, l'odorat et le goût sont les vecteurs des sensations exceptionnelles que procure une grande vitole.

• ***La vue :*** avant toute chose, la découverte. Vous avez précédé ce moment : vous sortez le joyau de son écrin, l'observez, l'admirez. La beauté de sa cape, sa brillance et son uniformité ; ses nuances de teinte, sa netteté de coupe, la rondeur de sa tête : votre œil apprivoise l'ensemble.

• ***Le toucher :*** appréciez la densité, subtile alliance de compacité et de souplesse, le grain de la cape. De légers renflements trahissent probablement un défaut de roulage ou la réhumidification tardive d'un cigare « mort ». Le moelleux, l'absence de craquement, la capacité à retrouver rapidement sa forme initiale après qu'on y a appuyé un doigt signalent au contraire la vitole de qualité. Bref, le toucher vous renseigne sur la nature et l'intensité de la dégustation à venir.

• ***L'odorat :*** avant même de l'avoir allumé, humez votre cigare. Les valeurs épicées, herbacées, terreuses s'expriment déjà. C'est ce que les Cubains appellent *fumar a crudo*, « fumer à cru ». Si le bouquet ne demeure pas le même après allumage – la palette aromatique va se nuancer, certaines notes s'effaçant pour laisser place à d'autres –, vous avez déjà une idée de ce qui vous attend...

L'art de déguster touche à tous les sens, mais relève surtout d'un équilibre esthétique et gustatif d'un rare raffinement. La finesse d'une volute (à gauche), l'élégance d'une jarre, d'un cendrier, comme l'ambre d'un rhum bien choisi (ci-contre) participent ainsi de la perfection du moment.

• ***Le goût :*** les premières bouffées éveillent le palais. Ensuite, la combustion se fait régulière, le palais perçoit l'ampleur aromatique, distingue les saveurs, apprécie leur finesse, leur douceur, leur puissance – ou une heureuse conjugaison de ces éléments et de quelques autres encore.

• ***Le plaisir :*** c'est à notre avis le véritable cinquième sens du cigare. Vous savourez le moment, la parfaite adéquation de cette dégustation avec l'environnement, l'heure, l'atmosphère. Vous percevez la richesse, la complexité de votre vitole, son équilibre, sa persistance. Et, pourquoi pas, vous estimez à sa juste valeur l'élégance des volutes s'élevant doucement dans les airs...

Les mots de la dégustation

Il est souvent difficile de qualifier ses sensations. Si l'on met un certain temps à mieux distinguer les parfums et à les nommer – encore une fois, on peut parfaitement apprécier son cigare sans jouer à l'expert –, on goûte le plaisir, au fur et à mesure que l'on acquiert quelque expérience, de trouver le mot juste pour exprimer ce que l'on perçoit. Voici, dans la ligne des catégories présentées plus haut, un échantillon de vocables, par ordre croissant d'intensité.

• ***Toucher :*** fragile, sensible, mou, tendre ; souple, moelleux, fondu, soyeux, gras, mat, sec ; compact, épais, serré, poisseux, rugueux.

• ***Nez :*** atténué, éphémère, poussiéreux ; vert, subtil, boisé, fleuri, sous-bois, souple, séduisant, rond, cacao, cuir jeune, cuir tanné, épanoui, animal, ambré ; fruste, épicé, piquant, pointu, persistant.

• ***Goût :*** plat, fade, herbacé, mat ; doux, fruité, onctueux, boisé, sucré, poivré, épicé, corsé, exotique, capiteux, mûr, lourd, âpre ; acidulé, piquant, tannique, chaud, brûlant.

• ***Sensation :*** discret, lointain, inexistant, monocorde ; atténué, frais, prometteur, réconfortant, ample, généreux, plein, riche, nourrissant, nerveux ; doucereux, pâteux, accrocheur, bourru, percutant, enivrant, étouffant.

Quoi qu'il en soit, sachez qu'avec l'expérience du goût vient la précision du langage.

DES ARÔMES ET DES GOÛTS

Certaines expressions reviennent souvent dans les commentaires de dégustation. Mais il n'est pas toujours aisé de savoir ce qu'elles recouvrent précisément. Nous vous invitons donc à un petit tour d'horizon des termes les plus fréquents – qui sont parfois aussi de redoutables faux amis.

Les arômes

• ***Acidulé :*** un caractère typique des tabacs jeunes, encore chargés de chlorophylle et d'amidon – notes qui, avec le temps, se feront de plus en plus discrètes... ou ne se feront pas !

• ***Boisé :*** un tel arôme peut évoquer le bois vert, sec, humide... Quoi qu'il en soit, il est omniprésent, dans d'infinies nuances qui peuvent se révéler très délicates.

• ***Cacao :*** essentiellement perceptibles au pied du cigare, les senteurs de cacao sont généralement assez grasses, riches et lourdes, plutôt longues au nez. Très présentes, très persistantes, elles sont aussi amples et rassasiantes, exaltant particulièrement les notes épicées.

• ***Cuir :*** toute la gamme des cuirs peut se décliner dans la matière – jeune, tanné, vieilli... –, singulièrement au niveau de la cape. Meilleure sera la qualité de celle-ci, plus elle sera riche et dense, plus présents et soutenus seront les arômes de cuir.

• ***Éphémère :*** se dit d'un bouquet court en nez qui, loin d'accrocher, semble disparaître sitôt humé. De tels parfums sont le plus souvent dépourvus de notes épicées, tirant plus volontiers vers les valeurs douces, mielleuses, boisées, sèches, mais toujours sans persistance.

• ***Néant :*** le cigare « n'a rien dans le ventre », il ne dégage rien, n'inspire rien. Généralement issues d'une année où la matière première est très pauvre, de telles vitoles n'ont aucun avenir : même revêtues d'une belle cape, elles sont quasiment mort-nées.

• ***Poussiéreux :*** contrairement à ce que l'on pourrait croire, ce terme ne qualifie pas un vieux cigare dont la poussière vous emplirait le nez. Il ne fait pas non plus allusion à cette fine pellicule de poudre de bois issue

des cabinets et qui, au fil du temps, se dépose sur les vitoles. Il évoque plutôt un parfum de tabac jeune, encore légèrement vert, qui confère quelque âpreté au produit, lui ôtant provisoirement toute rondeur, toute sensualité.
Ce côté « poussiéreux » confine à l'astringence olfactive. (À ne pas confondre avec les arômes un peu vieillis d'un cigare ancien qui n'aurait pas été depuis longtemps mis en contact avec l'air. À celui-ci, il ne faudra que quelques minutes d'aération pour développer des valeurs plus subtiles.)

• ***Terreux :*** on est ici dans les valeurs végétales, avec des notes de grange, de foin, d'alpages évoquant le retour à la campagne, l'écurie, les champs. Un mélange de puissance et de subtilité qui peut se révéler magnifique.

Les goûts

• ***Capiteux :*** on est ici dans l'univers des saveurs riches, corsées, abondantes – mais pas nécessairement fortes. Le côté gras, rond, aux tannins fondus, peut apparaître dès le foin ou au niveau du divin. Côté négatif, un cigare capiteux développe trop de chaleur en cas d'excès d'humidité : si le corps est trop serré, il se révélera étouffant ; s'il est sec et se consume très vite, il brûlera le palais.

• ***Doux :*** ce terme n'évoque pas seulement des valeurs sucrées ou mielleuses. Il s'agit plutôt de qualifier un fondu aromatique dépourvu d'épices, sans grande montée en puissance : l'amateur domine son sujet jusqu'au bout, ce qui explique sans doute le succès croissant de ce type de goût.
À noter : très souvent, les vitoles dites douces offrent une pointe salée sur l'extérieur de la lèvre inférieure.

• ***Épicé :*** qui évoque, avec plus ou moins de présence, le cèdre, la vanille, le café, le chocolat, le caramel, la cannelle, la réglisse, le pain d'épice, le poivre et le cumin. Ces arômes « à l'ancienne » sont très prisés des dégustateurs, car ils confèrent beaucoup de personnalité et d'impact au cigare.

• ***Fade :*** ne développant que des notes extrêmement légères, ce cigare sans relief se révèle mat, plat, souvent sec en bouche – bien qu'il ait été parfaitement humidifié.

• ***Onctueux :*** c'est le registre des valeurs grasses, sans acidité, mais avec une belle longueur en bouche. Cet univers élégant, caractéristique des grands vintages, se patine au fil du temps : la puissance cède peu à peu le pas à la suavité, à la rondeur, aux notes vieillies d'épices qui donneront à l'ensemble son caractère madérisé.

L'OCCASION FAIT LE CIGARE

Il y va en matière de cigare comme de tout ce qui relève du goût : à chacun le sien. Tel amateur en tient pour la douceur et la légèreté, tel autre pour la puissance et l'intensité, un troisième trouvant que son goût évolue au fil du temps et selon les circonstances. C'est probablement ce dernier qui détient une part de la vérité : si les grands produits de bouche offrent une gamme quasi infinie de sensations, celles-ci varient, pour une même personne, selon l'occasion, l'environnement, l'humeur. Nous ne sommes pas les mêmes tous les jours : nos cigares non plus.

Un moment unique

Le précédent quart de siècle a vu les habitudes se modifier en profondeur. Le cigare est devenu un produit pour épicuriens jaloux de leur plaisir. Les nouvelles générations ont appris à goûter – les vins comme la grande cuisine – et à se ménager des moments privilégiés, seuls ou en compagnie choisie. Mieux, ils ont découvert ce qu'il peut y avoir de délicieux à préparer de tels moments, où l'on fera en sorte que l'harmonie règne – et pas nécessairement la plus paisible. Mêlant les saveurs de la table et celles du cigare, ou au contraire privilégiant ces dernières en une longue rêverie solitaire, ces bonheurs simples et néanmoins raffinés sont autant d'histoires personnelles, uniques. Cela dit, la spontanéité n'excluant pas quelques repères, il n'est pas inutile de procéder à deux ou trois rappels.

Deux grandes familles de cigares

On peut répartir les vitoles en deux catégories : les cigares de dégustation (A) et les cigares de compagnie (B). Nous vous suggérons de les distribuer ainsi dans la journée.

Comme tous les grands produits de bouche, le cigare n'est jamais tout à fait le même selon les circonstances de la dégustation : selon que les papilles sont en éveil ou fatiguées, que l'estomac a été ou non sollicité, que l'on vit une pause ou un intense moment d'activité, il faut apprendre à choisir sa vitole, pour mieux la goûter.

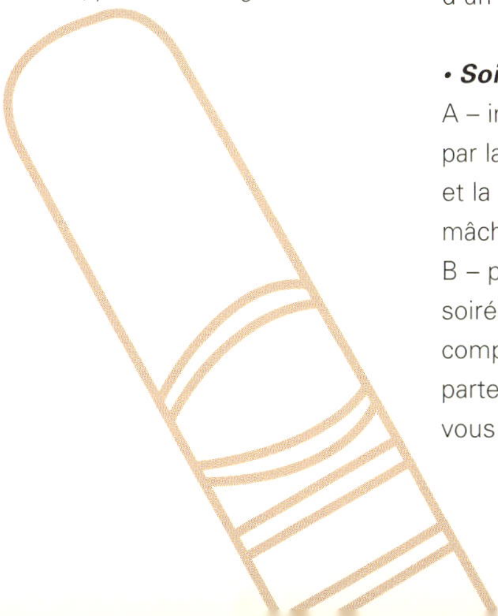

• *Matin*

A – riche, gras et onctueux ; le palais étant plus réceptif le matin, il accueille pleinement toutes les subtilités aromatiques.

B – frais, léger, avec une pointe d'épices pour soutenir le goût, mais sans force.

• *Après déjeuner léger*

A – un cigare qui a du corps, dans un registre boisé ou terreux, avec une présence en bouche souhaitable.

B – rond, agréable, ne donnant pas l'impression qu'il doit être travaillé, laissant une sensation de facilité et de fraîcheur (un gaspacho par une soirée d'été...).

• *Après déjeuner copieux*

A – un grand cigare qui aidera la digestion, bien accompagné d'un alcool choisi ; base d'épices grasses s'épanouissant dans une combustion régulière, mais plutôt lente.

B – n'a rien à faire dans ce contexte.

• *Après-midi*

A – riche, onctueux, plutôt percutant ; la dégustation se vivra intensément à chaque instant, seul à seul avec le cigare (pas de lecture, d'écriture ni aucune autre activité).

B – doux, mielleux, se faisant oublier ; vous faites une pause, la combustion est aisée, c'est la récompense d'un effort.

• *Soirée*

A – intense, puissant, démesuré – pas nécessairement par la taille, mais par l'ampleur des goûts, la complexité et la concentration des arômes boisés, mielleux : vous mâchez du pain d'épice, l'harmonie est parfaite.

B – présent sans enivrer, c'est le cigare des longues soirées de travail ou de veillée au coin du feu, le compagnon des rêveurs et des penseurs ; il fera un partenaire idéal pour une partie d'échecs – et là, c'est vous le maître.

LES ACCESSOIRES

L'univers du cigare est un univers raffiné. En tant que tel, il inspire la création d'un certain nombre d'ustensiles qui ont certes leur utilité, mais qui surtout font écho à l'esthétique du produit. Si la gamme, aujourd'hui très étendue, va des objets les plus simples aux plus élaborés, nous vous proposons sur ces pages un échantillon assez représentatif de différents styles.

Il existe une grande variété d'étuis, couvrant quasiment tous les modules. Ils visent à transporter le cigare en épargnant le moindre dommage à la cape. Quelle que soit la matière – métal précieux, cuir, peau de lézard ou de crocodile, etc. –, un étui doit donc être suffisamment rigide pour protéger la vitole de l'écrasement, mais pas trop serré pour ne pas risquer de la déchirer.
Si l'on prisait autrefois les modèles en argent que l'on portait, telle une fiole, dans une poche arrière, le cuir, plus léger et qui laisse mieux respirer le cigare, a aujourd'hui les faveurs du public.

Très beau plateau d'accessoires griffés S.T. Dupont : étui « monocigare » en laque et argent, de même que la guillotine et le briquet ; noter, sur le cendrier, les deux pose-cigares permettant de ne pas écraser le pied.

Échantillon d'étuis en cuir fauve ou noir, pour un, deux ou trois cigares.

Assortiment de coupe-cigares (voir aussi page 52).
De gauche à droite : biseaux, guillotines ronde et carrée à lame simple, guillotine à lame double, ciseaux pliables, le tout plaqué or ou argent (lames en acier trempé) ; à droite, des variantes en laque rouge, verte ou noire.

Redécouvert dans les années 1990 (voir aussi page 52), l'emporte-pièce permet une découpe minimale, mais suffisante, de la tête.
Il a par ailleurs l'avantage de la légèreté et de la modernité.
Certains modèles sont munis de deux lames de diamètres différents.

CIGARE ET GASTRONOMIE

Il y a peu de temps encore, la seule idée d'accompagner un repas, ou un mets, de la dégustation d'un cigare eût paru une hérésie. Les amateurs de havane n'étaient-ils pas expulsés vers le fumoir sitôt le dessert consommé, de façon qu'aucune volute importune ne vînt chatouiller les narines des autres convives ?
Les temps ont changé, nous l'avons dit. En perdant de sa superbe sociale, le cigare a gagné en authenticité : les amateurs sont aujourd'hui meilleurs dégustateurs, et, surtout, ils savent marier les plaisirs. Qui oserait réfuter qu'un vin choisi sublime les saveurs d'un plat ? Qu'un mets subtilement composé souligne les richesses d'un cru ? Notre palais est un instrument suffisamment performant pour accueillir d'autres alliances.

Les chefs au secours des amoureux du cigare
Grâces leur en soient rendues, ce sont les chefs de cuisine qui ont officialisé l'entrée du cigare au royaume des produits de bouche. Des maîtres comme Alain Senderens, Guy Savoy, Alain Dutournier et Pierre Troisgros, entre autres, ont chanté les louanges des havanes, puis des vitoles d'autres provenance.
À la stupéfaction de certains de leurs clients, ils ont commencé à proposer des cigares dans leurs restaurants, où ils avaient ménagé un lieu confortable et élégant destiné aux amateurs. Souvent, désormais, ils viennent discuter flaveurs avec les plus férus d'entre eux. Et d'évoquer l'incomparable écho que se renvoient l'alose bordelaise et un 8-9-8 de Ramón Allones, la garbure béarnaise et un Lonsdales de Rafael González. Ce qui est parfaitement juste ! Précision d'importance : évitez dans ce cas les douceurs, dont le sucre nuit durablement à la dégustation.

La cuisine européenne
Si les cuisines française, italienne et espagnole – les trois piliers gastronomiques européens – ont autant de points communs que de différences, elles partagent les produits clés, les modes de cuisson et la plupart des épices. C'est pourquoi on peut leur attribuer les mêmes types de cigares, le principe étant d'éviter les ruptures et de travailler, au contraire, dans la continuité. Dans la même ligne, on optera plutôt pour un Pomerol élégant (L'Évangile, La Fleur-Petrus, L'Église-Clinet), un Saint-Émilion crémeux et rond (Magdelaine), ou un voluptueux Gevrey-Chambertin (Les Combottes du Domaine Leroy).
• ***Le meilleur choix :*** des cigares très aromatiques, dans un registre boisé, terreux et floral, tout en rondeur et en gras. *Punch, Partagás.*

Couverture du menu proposé lors d'un déjeuner du Club des Parlementaires amateurs de havanes, qui se réunit une fois par an à Genève. Ces assemblées offrent l'occasion de savourer l'accord des mets et des cigares, et parfois même d'innover en la matière, selon un crescendo dûment pensé.

La cuisine asiatique

La présence et la nature des épices asiatiques, mais aussi la discrétion suave de certains plats demandent infiniment de doigté dans le choix des vitoles. Il faudra de toute façon opter pour la distinction. La difficulté réside ici dans l'exigence d'une rupture... en douceur, qui rafraîchira le palais ou le tapissera. Pour inattendu qu'il soit, le mariage roi s'opère avec des vins blancs de Loire (Sancerre du Domaine des Ouches, Pouilly-Fumé Cuvée Silex de Didier Dagueneau) ou d'Alsace (Gewurztraminer Epfig du Domaine Ostertag, Riesling Altenberg de Marcel Deiss).

• ***Le meilleur choix :*** des cigares doux et frais avec les épices les plus prononcées, plus ronds, plus gras et plus terreux avec les plus discrètes, voire puissants et corsés confrontés au gingembre. *Hoyo de Monterrey, El Rey del Mundo, Saint Luis Rey.*

La cuisine orientale

Cette gastronomie généreuse, expansive, raffinée, s'accommode parfaitement de valeurs corsées, soutenues, comme de notes plus subtiles. L'abondance et la richesse des saveurs exigent néanmoins qu'on ménage des pauses ; c'est là que se glisse au mieux le cigare, entre deux plats. On en profitera pour goûter un Riesling (Schlossberg et Sainte-Catherine du Domaine Weinbach) ou un Tokay-Pinot Gris (Clos Jebsal et Rangen du Domaine Zind-Humbrecht).

• ***Le meilleur choix :*** des cigares très aromatiques, complexes, marqués de notes terreuses, dont la combustion régulière ne fatigue pas le palais, déjà fort sollicité, mais dotés d'une belle longueur en bouche. *Bolívar, Ramón Allones, San Cristóbal de La Habana.*

CIGARE ET ALCOOL

L'alliance du cigare et des alcools est une tradition. Ce qui n'empêche pas qu'on y revienne avec un peu plus de circonspection qu'autrefois. Car, s'il est des mariages harmonieux, il en est de plus redoutables, voire orageux. Et comme, une fois de plus, les choses changent avec l'accompagnement, les circonstances, l'humeur, l'amateur découvre progressivement l'alliance idéale... de chaque moment.

Attention aux faux amis

À alcool fort, cigare puissant : rien n'est plus faux. Tout ce que vous risquez, c'est une migraine tenace. Les forces vont se heurter, non se fondre, et anesthésier vos papilles comme le ferait un puissant antalgique. On est loin d'Épicure. Défiez-vous donc des excès d'enthousiasme, même à l'apéritif, et ménagez vos papilles si vous voulez pleinement goûter votre vitole.

• ***Le champagne :*** brut ou extra-brut, et surtout servi pas trop frais, le champagne crée avec le cigare un duo savoureux. Pour inattendue qu'elle soit, cette alliance de la glace et du feu vous séduira. Préférez toutefois un format raisonnable, dans un registre aromatique et léger qui éveillera vos papilles sans les rassasier. *Gérard Père et Fils 444, El Rey del Mundo Cabinet Selección Choix Suprême.*

• ***Le whisky :*** scotch, whiskey, rye, bourbon sont de ces compagnies qui réussissent au cigare. Un malt aux puissantes notes de tourbe exaltera votre havane, tandis qu'un whisky aromatique répondra joliment à l'élégante légèreté d'un dominicain. *Santa Damiana Torpedo, Rafael González Coronas Extra.*

• ***Le porto :*** les grands vintages subliment littéralement les havanes. Leur mâche et leur richesse aromatique soulignent le boisé terreux du havane, dont la complexité et le moelleux trouvent ici un écho magnifique. *Ramón Allones Petit Coronas, Juan López Selección N° 1.*

• ***Les eaux-de-vie :*** calvados, poire, prune et autres marcs cheminent depuis longtemps avec le cigare, qui se trouve bien de leurs arômes fruités. Armagnac et cognac sont eux aussi de vieux compagnons, que l'on choisira souples, ronds et fondus, afin de ne pas « écraser » la vitole. Un excès d'âpreté nuirait également à l'alliance. *Hoyo de Monterrey Double Coronas, Cohiba Siglo IV.*

• ***Le rhum :*** si vous n'avez jamais essayé le duo rhum/cigare cubains, vous n'avez pas idée de ce qu'est l'accord parfait. Sans doute la communauté de terroir et d'histoire y est-elle pour quelque chose... Néanmoins, tentez l'expérience avec un vieux rhum agricole martiniquais : sa race et sa finesse exalteront celles du cigare. *El Rey del Mundo Taínos, Partagás Pirámides Limited Edition.*

• ***Les vins doux naturels :*** muscat de Rivesaltes ou de Beaumes-de-Venise, banyuls et maury conviennent admirablement au cigare, surtout quand, parvenus à un âge vénérable, ils déploient pleinement leurs notes d'orange et de rancio. À déguster de préférence avec un module généreux, que leur complexité aromatique saura flatter.. *Saint Luis Rey Regios, H. Upmann Connoisseur N° 1.*

Un seigneur de l'hédonisme

Ce n'est un secret pour personne : l'écrivain américain Ernest Hemingway, grand épicurien devant l'Éternel, avait la religion du goût. Mais il avait appris très tôt que le plaisir est affaire de précision. Aussi avait-il pour habitude non seulement de sélectionner son rhum cubain en fonction du cigare qu'il allait fumer – ou était-ce le cigare en fonction du rhum qu'il allait boire ? –, mais, mieux encore, il choisissait ses cafés en fonction du rhum qu'il s'apprêtait à boire et qu'il avait lui-même élu en prévision du cigare qu'il allait fumer... à moins que ce ne soit le contraire !

LE PRIX D'UN CIGARE

Sa récente popularité et l'ouverture de nouveaux palais à son univers aromatique ont créé un second marché du cigare : celui des spécimens rares, oubliés, exceptionnels, qui donnent désormais lieu, de temps à autre, à une vente aux enchères. Généralement somptueuse, organisée par de prestigieuses sociétés spécialisées (Christie's, Sotheby's), celle-ci propose aux amateurs passionnés d'acquérir, comme on le ferait d'une œuvre d'art, des boîtes, des lots, voire des cigares à l'unité.

Les havanes, rois du marché

A tout seigneur, tout honneur : jusqu'à présent, seuls les havanes ont suscité un intérêt suffisant pour justifier une vente. Il y a à cela deux raisons principales : l'extrême richesse de la gamme cubaine et, parallèlement, la disparition de nombreuses marques ou de certains modules.

Indiscutablement, les fabrications antérieures à la révolution ont la vedette auprès des collectionneurs. Il faut dire que, vu leur âge, ces cigares sont très moyennement consommables et ne présentent plus guère d'intérêt que comme curiosité, voire comme pièce unique. Dans cette catégorie, citons Calixto López, Maria Guerrero, Henry Clay...

Les vitoles postérieures à la révolution sont, en revanche, très prisées d'amateurs comme vous et moi : conservées dans des conditions optimales, et à l'exception des plus anciennes, elles peuvent en effet se maintenir encore à très bon niveau. Tous les passionnés de vintages sont donc au rendez-vous de ces raretés, qui atteignent parfois des prix astronomiques. Notamment : La Flor de Cano, Davidoff, Dunhill, Romeo y Julieta Fabulosos, etc.

Une obstination payante

Le 12 décembre 1994, dans les salons d'un luxueux hôtel zurichois, la maison Sotheby's présentait une centaine de lots exceptionnels que nous avions sélectionnés. Les choses allaient si vite que, en une dizaine de minutes, beaucoup de pièces avaient été vendues à des donneurs d'ordre de Paris, New York, Hong Kong...

Excédé par la cadence de la séance – et, surtout, par la rapidité à laquelle certains lots lui passaient littéralement sous le nez –, un acheteur décida qu'il ne baisserait le bras qu'une fois l'adjudication entérinée. Bien lui en prit, car il parvint ainsi à faire de très belles acquisitions... à un rythme que le panneau d'affichage des équivalents devises ne put, lui, tenir jusqu'au bout de la session !

Page de droite : quatrième de couverture d'un catalogue de vente aux enchères de la maison Sotheby's, illustrée par le peintre Anton Molnar.

Ci-dessous : page intérieure, présentant un lot de Partagás Série D N° 4.

Partagas D4

Type: Robusto
Diameter: 2cm
Size: 12.5cm
Colour: 'maduro' to 'colorado'
Bouquet: generous with aromas of pure cocoa
Taste: rich, powerful and instantaneous
Format: round, banded
Production: hand made in Cuba
Maturation: in the cellars of Gérard Père et Fils, Geneva

800 1 jar of 25 cigars
801 1 jar of 25 cigars
802 1 jar of 25 cigars
803 1 jar of 25 cigars
804 1 jar of 25 cigars
805 1 jar of 25 cigars
806 1 jar of 25 cigars
807 1 jar of 25 cigars
808 1 jar of 25 cigars
809 1 jar of 25 cigars

per lot: £550-700

La folie des « especiales »

Hormis ces gloires du passé, les cigares créés pour une occasion unique – anniversaire d'une grande marque, rencontre extraordinaire, événement diplomatique, couronnement... – jouissent d'une jolie cote. Ces vitoles produites en série limitée et uniquement accessibles à un public choisi pour la circonstance ont évidemment tous les atouts pour faire monter les prix.

Ainsi, les modules confectionnés à l'occasion du banc des vendanges bourguignon de septembre 1988 : pour la première fois, cette cérémonie placée sous le haut patronage des Chevaliers du Tastevin célébrait « le mariage du bourgogne et du havane », le tout au Clos de Vougeot. Ce seul catalogue de particularités engendre une courbe exponentielle des tarifs...

Ou encore ces torpedos de Cohiba, premiers du genre, présentés à l'occasion du « dîner du siècle », qui célébrait le 500e anniversaire de la découverte de l'Amérique *(voir aussi page 75)*.

Cette « cotation » aléatoire reflète-t-elle un intérêt profond des consommateurs ?

Bien malin qui peut le dire. Il ne s'agit là, après tout, que de microphénomènes à l'échelle mondiale.

Il reste que, si ces ventes n'ont pas pour l'heure de caractère spéculatif, elles rendent compte d'engouements flamboyants, fussent-ils passagers. Comme autant d'histoires d'amour dont on ne sait si elles seront l'aventure d'un moment ou d'une vie, les ventes sont la concrétisation d'une passion, d'un attachement, d'une fidélité au souvenir...

LES CONTREFAÇONS

Comme tous les grands produits rares et onéreux, le cigare a ses contrefacteurs. Le havane est bien sûr le plus touché : de la boîte au contenant, en passant par les labels de certification, rien n'est d'origine. La seule chose que l'on ne puisse contrefaire, c'est la qualité gustative du cigare. Et comme il est délicat de demander à le goûter avant de l'acheter...

Les règles d'or

Quelques précautions simples vous éviteront les désagréments de l'escroquerie.

• N'achetez jamais de cigares que dans des maisons ayant pignon sur rue. Elles seules sont légalement responsables de la qualité du produit.

• Ne commandez jamais de cigares sur le net, à moins qu'il ne s'agisse d'une maison dont vous connaissiez les références.

• Évitez les « affaires uniques » vendues à des prix « défiant toute concurrence ». Il n'y aucune raison valable pour que de vrais Cohiba soient bradés au tiers de leur valeur.

• Défiez-vous également des particuliers proposant de vous céder une partie de leur cave sous un prétexte quelconque. Eux non plus n'ont aucune raison de « solder » des cigares de qualité.

Les risques (parmi d'autres)

Hormis le fait que, légalement, vous encourez des poursuites pour recel de contrefaçons, vous allez au-devant de surprises désagréables, voire répugnantes.

• Les belles boîtes que l'on vous a vendues – et particulièrement les vernies – sont taillées dans un bois de piètre qualité qui, loin d'assurer les mêmes fonctions que le cèdre en matière d'hygrométrie, va transmettre son parfum aux cigares.

• La tripe de vos belles vitoles n'est pas constituée que de tabac, mais de feuilles de bananier. Ou de bouts de tissu tressés avec une *tripa corta* quelconque. Ou encore d'autre chose de mal défini – et dont il vaut peut-être mieux ne pas approfondir la nature – n'ayant pas le moindre rapport avec le mélange traditionnel de la marque.

• Invités-surprises, les lasiodermes sont de la fête. Ces délicieux petits vers vont grignoter vos cigares, puis pondre des œufs, qui vont éclore, les nouveau-nés creusant à leur tour des milliers de jolis trous dans le tabac non fumigé. L'apocalypse.

Déjouer la contrefaçon

Fausse boîte et faux cigares ; vraie boîte et faux cigares ; fausse boîte, faux cigares, faux sceaux de garantie ; vraie boîte, faux cigares et faux sceaux de garantie... Voici les points à examiner attentivement.

• La boîte de havanes doit porter le sceau de garantie – ironiquement appelé « dollar » en raison de sa couleur verte – qui authentifie la provenance des cigares. Instauré le 16 juillet 1912, ce *sello de garantía nacional de procedencia* est apposé sur le coin gauche (droit pour les cabinets de 50). La formule est traduite en anglais en haut de la bande, en français en bas à gauche, en allemand en bas à droite. Et parce que l'on ne regarde jamais d'assez près ce qui est écrit en gros, vérifiez au moins la mention *Republica de Cuba*, et non de Vuelta Abajo ou d'ailleurs...

• En France, vous devez aussi trouver, sur le coin droit (gauche pour les cabinets de 50), un autocollant blanc à bandes dorées portant, en rouge sur fond jaune, la mention *Habanos* ; et l'étiquette sanitaire où figurent le code chiffré de l'importateur agréé et la mise en garde conventionnelle sur les dangers du tabac.

• Au dos de la boîte sont gravées les mentions légales suivantes : *Habanos s.a.* (*Cubatabaco* sur les boîtes anciennes), *Hecho en Cuba* et *Totalmente a mano* (le cas échéant). Un tampon codé renvoie au nom de la manufacture et à la date de fabrication.

• A l'intérieur de la boîte – ce qui justifie qu'on se fasse toujours ouvrir une boîte, même au restaurant –, vérifiez le parfait positionnement des bagues, la régularité des cigares – longueur, tête, pied –, la présence de l'éventuelle bande de papier paraffiné à hauteur des bagues et celle de la feuille de cèdre entre deux rangées de vitoles. Cette feuille doit être aux dimensions exactes de la boîte et présenter, en son coin supérieur droit, un onglet.

Deux spécimens de Sancho Panza Belicosos. Si, à première vue, celui de gauche paraît attrayant (longueur supérieure, belle couleur blonde), il s'agit en fait d'un faux assez grossier : non seulement il n'est pas aux bonnes dimensions et d'une teinte trop claire, mais on notera la piètre finition du pied et de la bague, sans parler de la mention de la marque figurant sur le devant de la boîte originale, sur le côté de la contrefaçon.

GRANDES MARQUES CUBAINES D'HIER ET D'AUJOURD'HUI

L'histoire exhaustive des marques reste à faire. Elles sont souvent le fruit d'une véritable épopée qui les a vues naître, parfois disparaître pour mieux revenir ensuite – ou mourir. Elles ont une importance capitale, l'amateur s'identifiant souvent à une gamme, à laquelle il reste fidèle au-delà des autres expériences. Nous vous proposons ici un tour d'horizon des plus grandes d'entre elles, représentées dans le second volume de cet ouvrage, où le meilleur de leur gamme est commenté.

Bolívar
Tenant son nom du *libertador* Simón Bolívar, qui mena l'insurrection contre le pouvoir espagnol au début du XIXe siècle, la marque connaît un formidable renouveau depuis quelques années. Elle a conservé, du moins pour ses modules faits main, sa richesse et sa puissance, mais a indéniablement gagné en rondeur et en souplesse.
• ***Les meilleurs :*** *Belicosos Finos (campana), Coronas Gigantes (julieta), Royal Coronas (robusto), Inmensas (dalia), Petit Coronas (mareva).*

Cohiba
Un nom mythique, qui doit autant aux circonstances aventureuses de sa création, dans les années 1960, qu'à la très haute qualité de sa gamme. Au fil des ans, Cohiba a encore enrichi sa palette aromatique de saveurs fruitées, corsées et soutenues. Une évolution dont témoigne particulièrement la série des Siglo.
• ***Les meilleurs :*** *Millenium 2000 (pirámide), Siglo IV (corona gorda), Robustos (robusto), Siglo V (dalia), Siglo III (corona grande), Siglo II (mareva), Lanceros (laguito n° 1).*

Cuaba
Marque récente (1996), Cuaba présente l'originalité de se limiter à un seul type de format, considéré comme très traditionnel, voire ancien : le figurado. Mais elle le décline sur quatre vitoles qui constituent une gamme légère, aromatique et très accessible, et font ainsi d'excellents cigares d'initiation à ce module.
• ***Le meilleur :*** *Exclusivos (exquisito).*

Diplomáticos
Introduits sur le marché français dans les années 1960, en premier lieu pour proposer une gamme proche des Montecristo (N°s 1 à 5 de même format), mais moins onéreuse, les Diplomáticos sont des cigares d'une belle puissance, qui gagnent néanmoins à mûrir.
• ***Le meilleur :*** *N° 2 (pirámide).*

La Gloria Cubana
Cette marque ancienne, créée en 1885, connut quelques vicissitudes avant de réapparaître sur le devant de la scène, dans les années 1970.
Elle offre aujourd'hui une gamme variée, qui présente l'avantage d'avoir conservé plusieurs grands modules, quand d'autres se concentraient sur les formats moyens.
Les arômes fruités, généreux et prononcés font la joie des fidèles de la marque, qui en apprécient également l'onctuosité et la subtilité.
• ***Les meilleurs :*** *Taínos (julieta), Médaille d'Or N° 2 (dalia), Sabrosos (cervantes), Médaille d'Or N° 1 (delicado), Médaille d'Or N° 3 (panetela larga).*

Hoyo de Monterrey

Ce nom vit le jour en 1865, sous le contrôle du Catalan José Gener, également propriétaire de La Escepción. Hoyo se caractérise par ses cigares doux, légers, très aromatiques, mêlant des notes sucrées et florales. Une gamme marquée par la subtilité et l'élégance.

• ***Les meilleurs :*** *Particulares Série Limitée (gran corona), Double Coronas (prominente), Épicure N° 1 (corona gorda), Le Hoyo des Dieux (corona grande), Le Hoyo du Prince (almuerzo).*

H. Upmann

Fondée en 1844 par les frères August et Hermann Hupmann (avec un H, qu'ils dissocieront comme intiale de *hermanos*, frères), cette marque propose des cigares au goût corsé, terreux, puissant, qui séduisent les amateurs de havanes « à l'ancienne ». Si la subtilité n'est pas leur fort, ils ne sont pas dépourvus de complexité et de distinction – du moins pour le haut de gamme.

• ***Les meilleurs :*** *N° 2 (pirámide), Sir Winston (julieta), Magnum 46 (corona gorda), Connoisseur N° 1 (hermoso n° 4).*

Juan López

De son vrai nom Flor de Juan López, cette marque aussi ancienne que discrète privilégie les modules moyens et petits, fabriqués à la main de façon encore très artisanale. Elle a retrouvé les faveurs des amateurs dans les années 1980 avec des mélanges légers et doux, mais très aromatiques.

• ***Les meilleurs :*** *Selección N° 1 (corona gorda), Selección N° 2 (robusto).*

Montecristo

Fondée en 1935 par les familles Menéndez et García, cette marque est aujourd'hui encore une référence en matière de havane, même si un accroissement hyperbolique de la production a inévitablement entraîné une baisse de la qualité.
De fait, ses grands modules, d'une douceur et d'une onctuosité inégalées, demeurent dans la tradition d'excellence des origines.

• ***Les meilleurs :*** *N° 2 (pirámide), « A » (grand corona), Robustos Limited Edition (robusto).*

Partagás
Créée en 1827 par le Catalan don Jaime Partagás, La Flor de Tabacos de Partagás y Cía est une marque d'un immense prestige. Tannique, parfois rustique, souvent rude, la gamme d'origine a su, au fil des ans, s'adapter aux palais plus délicats. Mais la puissance, l'authenticité et la richesse des saveurs restent la marque des plus beaux modules de ce grand nom du cigare.
• ***Les meilleurs :*** *Pirámides Limited Edition (pirámide), Lusitanias (prominente), Série D N° 4 (robusto), Lonsdales Cabinet Selection (cervantes), Coronas Cabinet Selection (corona), Petit Coronas Cabinet Selection (mareva), Shorts (minuto).*

Por Larrañaga
Née en 1834, cette marque demeure assez confidentielle. La gamme, composée d'une dizaine de modules, est très homogène, dans un registre doux, onctueux, très marqué par le miel.
• ***Le meilleur :*** *Petit Coronas Cabinet Selection (mareva).*

Punch
Cette ancienne marque (1840) propose une gamme variée, qui se développe en puissance dans un registre boisé et fruité. Sa fabrication soignée est un modèle de régularité.
• ***Les meilleurs :*** *Double Coronas (prominente), Churchills (julieta), Royal Selection N° 11 (corona gorda), Black Prince (corona gorda), Super Selection N° 2 (corona gorda), Super Selection N° 1 (corona grande), Petit Coronas (mareva), Royal Selection N° 12 (mareva).*

Quai d'Orsay
Cette marque a vu le jour en 1974, en France : c'est là sa première originalité. La seconde est qu'elle propose des cigares authentiquement cubains, qui plus est d'un très bon rapport qualité/prix. Une gamme qui ne fait pas dans la puissance, mais dans la subtilité de notes boisées, fruitées, parfois herbacées et légèrement terreuses.
• ***Le meilleur :*** *Imperiales (julieta).*

Rafael González
Cette ancienne marque, de son vrai nom Flor de Rafael González, propose une gamme parmi les plus élégantes et les plus racées qui soient : richesse aromatique évoluant dans les notes de miel et de pain d'épice, noblesse de la cape, discrétion... On est chez les seigneurs !
• ***Les meilleurs :*** *Coronas Extra (corona gorda), Lonsdales (cervantes), Petit Coronas (mareva), Slenderellas (panetela larga).*

Ramón Allones
Voici encore une très ancienne marque (1845), dont la gamme s'adresse à des connaisseurs : goûts puissants, capiteux, ces cigares s'inscrivent dans la haute tradition du havane riche et terreux, indiscutablement exigeant.
• ***Les meilleurs :*** *Gigantes (prominente), Specially Selected (robusto), 8-9-8 Cabinet Selection Verni (dalia), Coronas Cabinet Selection (corona), Petit Coronas (mareva), Small Club Coronas (minuto).*

El Rey del Mundo
Née en 1882, la marque connut une période de purgatoire avant de resurgir, à la fin des années 1980. Elle propose des cigares très doux, évoluant en fraîcheur dans des notes florales et épicées – donc particulièrement accessibles.
• ***Les meilleurs :*** *Taínos (julieta), Cabinet Seleccíon Choix Suprême (hermoso n° 4).*

Romeo y Julieta
C'est l'un des plus illustres noms cubains. Née en 1875, la marque propose une gamme d'une richesse exceptionnelle, tant dans la variété des modules que dans celle des goûts. Une constante, néanmoins : la ligne aromatique, définie en puissance et non dénuée d'une certaine rudesse.
• ***Les meilleurs :*** *Belicosos (campana), Exhibición N° 2 (prominente), Churchills (julieta), Exhibición N° 4 (hermoso n° 4), Coronas (corona).*

Saint Luis Rey
Quelque peu oubliée jusqu'aux années 1980, cette marque s'adresse en priorité à des amateurs avertis : terreux, épicés, légèrement sucrés, mais surtout très riches en arômes et en saveurs, ces cigares exigeants pourraient désarçonner un amateur occasionnel, a fortiori un débutant.
• ***Les meilleurs :*** *Churchills (julieta), Série A (corona gorda), Regios (hermoso n° 4), Petit Coronas (mareva).*

Sancho Panza
Créée en 1848, cette ancienne marque travaille dans la discrétion à des vitoles de qualité. Raffinés, élégants, les cigares se révèlent très aromatiques, présents et onctueux, dans un registre doux, floral et sucré.
• ***Les meilleurs :*** *Molinos (cervantes), Coronas (corona).*

San Cristóbal de La Habana
Dernière-née au pays du havane (1999), cette marque privilégie la subtilité et la douceur, plutôt que la puissance. Elle s'adresse en priorité à la nouvelle génération d'amateurs, en quête de produits moins lourds et moins rassasiants.
• ***Les meilleurs :*** *La Punta (pirámide), El Morro (julieta), La Fuerza (corona gorda), El Princípe (minuto).*

Trinidad
Lancé en 1998 dans la prestigieuse lignée de Cohiba, ce cigare, pour l'heure unique représentant de la nouvelle marque, s'impose par la suavité de ses notes grillées, épicées et cacaotées.
• ***Voir :*** *Fundadores (laguito n° 1).*

Vegas Robaina
Cette nouvelle marque, dont le nom s'inspire de celui d'une très ancienne famille de planteurs cubains, a vu le jour en 1997. Les cinq vitoles que comprend la gamme sont très aromatiques et d'une puissance modérée.
• ***Les meilleurs :*** *Únicos (pirámide), Don Alejandro (prominente).*

Les dernières années ont vu un étonnant regain de la création de marques à Cuba. En moins de quatre ans, quatre nouveaux noms se sont imposés sur le marché mondial : Cuaba (1996), Vegas Robaina (1997), Trinidad (1998) et San Cristóbal de La Habana (1999).

VINTAGES ET CIGARES DE LÉGENDE

Comme tout produit noble faisant l'objet d'une maturation, le cigare peut atteindre un âge respectable. Pour peu qu'on lui ait prodigué des soins attentifs, il atteindra alors au plein épanouissement, voire à la perfection. Il ne lui restera plus qu'à se faire rare pour accéder à la légende...

Plénitude du vintage

Entre deux et cinq ans de maturation, les cigares sont dits *aged*.

Au-delà commence l'ère du *vintage*.

Il s'agit évidemment de pièces élevées – comme on le dit d'un vin – avec tous les égards, dans des conditions de température et d'hygrométrie idéales les menant à développer peu à peu toute leur richesse aromatique. Bien entendu, comme en matière de cépages, certains tabacs se prêtent mieux que d'autres à ce type de vieillissement.

Il faut donc tenir compte des matières premières propres à chaque marque et adapter la maturation en conséquence – sachant que la durée est un atout majeur, et que les plus grands vintages sont toujours des cigares qui ont longtemps mûri.

En prenant de l'âge, la vitole acquiert une rondeur magnifique. Mais, surtout, elle libère des flaveurs nouvelles, imperceptibles auparavant.

L'odorat est à cet égard assez trompeur : à froid, le nez est généralement très végétal. Le départ est toujours doux, un peu plat, délicatement boisé, presque frais ; puis se révèlent, avec le divin, les arômes caractéristiques de cuir tanné ouvrant sur les notes madérisées du dernier tiers, subtil, gras et exceptionnellement riche.

L'engouement des années 1990

Si l'Angleterre était jusque récemment le seul pays à cultiver l'art du vintage, elle n'en a pas tout à fait la même conception : pour des raisons historiques déjà évoquées (voir encadré page 47), les cigares y sont appréciés assez secs. La maturation n'y a donc pas les mêmes résultats.

Le goût du vintage date en fait des années 1980, quand des amateurs de goûts plus ronds, plus épanouis, ont commencé à s'y intéresser. Mais c'est dans la décennie suivante, au moment où les grands cigares confectionnés après la révolution cubaine sont arrivés à pleine maturité, que la vogue est née : les

Page de gauche : 25 Diamantinos de Henry Clay conservés dans leurs tubes de verre individuels. Ci-contre : Dunhill Cabinetta, Varadero et Havana Club, Davidoff 80 Aniversario, Partagás Cristal Tubos, Rafael González Vitolas B, Romeo y Julieta Romeos, La Flor de Cano Diademas.

Dunhill, Davidoff, La Flor de Cano, Montecristo « B », H. Upmann en jarre de verre ont alors fait le bonheur des connaisseurs. Aujourd'hui, à plus de 40 ans d'âge, certains ne seraient plus consommables. Mais ils feraient de fort belles pièces de collection.

Les cigares de légende

À la différence des vintages, les cigares de collection n'ont plus guère d'intérêt gustatif. En revanche, ils sont historiquement et... affectivement passionnants. Ce sont des produits signés d'une marque disparue (Henry Clay, Maria Guerrero, Cabañas y Carbajal, Joaquín Cuesta, La Corona, Villar y Villar, etc.) ou qui eux-mêmes ne sont plus fabriqués (Gispert Petit Coronas de Luxe, Longos de La Escepción, Palmas Reales Cristal Tubos de Partagás, etc.).
Vestiges d'une époque, ces pièces sont recherchées pour leur format, leur finesse, l'originalité de leur présentation, ce que l'on sait de leur mélange, qui n'est plus exploité... Mais ce peut être aussi leur seule rareté qui fascine : ainsi de certains cigares réalisés pour une occasion unique – anniversaire, célébration, hommage – ou fabriqués de manière très exclusive. Citons : jarres Millennium de Cohiba (torpedos), de Montecristo (robustos) et de Cuaba (figurados), coffrets de luxe Partagás en 1996 (50 salomones) et pour le 150e anniversaire de la marque (150 pièces en trois modules : 50 lusitanias à l'ancienne, 50 8-9-8 et 50 robustos), 30e anniversaire de Cohiba (50 doubles coronas bague spéciale), etc. Ces présentations seront, au côté des modules appelés à disparaître, les légendes de demain. Car la légende tient sans doute à ceci : ces vitoles apportent à l'amateur plus qu'elles-mêmes, une part de rêve et un parfum d'excellence.

COLLECTIONNEURS ET CIGARES DE COLLECTION

Les collectionneurs de cigares présentent deux particularités. La première est de se partager entre les chercheurs de pièces rares non destinées à la consommation (trop âgées) et ceux qui aiment suivre la maturation de leurs vitoles et comptent bien les déguster quand elles sont parvenues à maturité.
La seconde est de passer, pour certains d'entre eux, de l'une à l'autre catégorie au gré des ventes, voire d'appartenir aux deux concomitamment...

L'art d'une collection

Quel que soit l'axe de la collection, il s'agit de rassembler des cigares de haute qualité. Même les adeptes d'un format unique (doubles coronas en cabinet, par exemple) ne se risquent pas à acheter tout ce qui existe dans ce module : cela n'aurait aucun sens, les vitoles de piètre qualité vieillissant très mal. Certains portent leur choix sur une marque, d'autres sur une *fábrica*, d'autres encore, nous l'avons dit, sur un module. Il y a aussi les spécialistes des disparus, des oubliés, des spéciaux, des hors-norme... les fidèles des cubains antérieurs ou postérieurs à la révolution, des plus de 50 ans, des séries limitées, des pièces uniques... Il y a même des passionnés de contrefaçons ! Mais c'est en général un goût secondaire, pour ne pas dire périphérique, car, là, quel que soit le talent du faussaire, la qualité n'y est pas.

Veiller et surveiller

Pour mener à bien une collection, il faut du temps, de la patience, et le dispositif nécessaire à la bonne conservation des cigares. Car même les plus anciens d'entre eux, dont le goût est passé, exigent une température et une humidité constantes et adéquates, si l'on ne veut pas qu'ils terminent en poussière. Plus la maturation est longue, plus l'âge des vitoles est avancé, plus il faut d'exigence.
Nous avons ainsi créé, en 2001, après trois ans de travail, le Private Stock (ci-contre). Il s'agit d'offrir aux collectionneurs la possibilité de conserver leurs merveilles dans des conditions parfaites, sous la surveillance attentive d'une équipe tout entière dévouée à leur parfaite santé. Dans une véritable « salle des coffres » ont été aménagés plusieurs centaines de refuges permettant une maturation sur le long terme. Une structure complexe assure le contrôle étroit de chaque vitole, dont les heureux propriétaires peuvent en permanence prendre des nouvelles sur Internet, où sont relayées toutes les informations.
Par ailleurs, afin de faciliter les recherches et les transactions, Private Stock établit une fiche d'identité du cigare régulièrement actualisée : date d'achat, prix, valeur ajoutée, état du marché, etc. Il ne reste plus aux amateurs qu'à savourer en toute tranquillité le plaisir de leur collection, et aux cigares qu'à vivre en paix le reste de leur âge...

SAINT LUIS REY
N.R.S.
HABANA
Double Coronas
ROMEO Y JULIETA
ROMEO Y JULIETA
H.UPMANN
HABANA

LES CUVÉES SPÉCIALES GÉRARD PÈRE ET FILS

Nous l'avons dit, le goût des amateurs évolue. Depuis une vingtaine d'années, c'est là l'une de nos principales préoccupations. Aussi avons-nous entrepris la création d'une gamme aux notes douces et mielleuses, qui révèle à la fois rondeur et fraîcheur. Il s'agissait de compléter le choix existant, en quête de nouveaux arômes et de saveurs inédites, et non de refaire ce qui l'avait été.
Autrement dit, de créer la différence.

De la méthode avant toute chose

Comme pour tous les produits de bouche, la matière première d'un cigare signe une grande part de sa réussite. Aussi sommes-nous allés chercher la nôtre dans les plus belles plantations de différents pays d'Amérique centrale et avons-nous veillé à la perfection de la manufacture, réalisée en République dominicaine.
Nos « cuvées spéciales » sont conçues comme les plats des grands chefs : en cherchant l'harmonie des arômes, la cohésion de l'ensemble, et en tenant compte des attentes des amateurs. Notre gamme tend vers la douceur et la subtilité, comme un palier ouvrant sur la montée en puissance des tabacs cubains. Elle a pour première ambition d'éveiller les palais aux charmes du cigare, en offrant une palette délicate, tout en rondeur et en finesse.

Grâce et générosité

Nous avons opté pour des diamètres importants favorisant la générosité du goût, sans chaleur et sans agressivité toutefois, notre objectif étant de permettre une perception très pure du raffinement de notre *private blend*, de son authenticité et de son originalité.

• ***222 :*** un très petit corona frais, doux, presque un peu fade, ouvrant la voie à des choses plus intenses. Un arôme lointain, aérien, qui éveille les papilles.
La grâce du goût.

• ***444 :*** un robusto typique, offrant un excellent rapport taille/arômes, sans jamais chauffer. Un registre aromatique léger, dans des nuances boisées et mielleuses persistant jusqu'au dernier tiers.

• ***555 :*** un petit torpedo bien dans l'air du temps, séduisant par sa combustion facile, agréable, tout en légèreté, et ses notes florales que sa construction met en valeur.

• ***666 :*** un gran corona au diamètre de double corona, dont le départ discret ouvre progressivement sur des valeurs rondes et soyeuses, presque un peu sucrées.

• ***888 :*** le double corona par excellence, qui plus est facile à digérer. Élégant, suave, il ne pèse pas, se montrant au contraire d'une rare légèreté.

Tous ces cigares sont, quoique très généreux au moment de la dégustation, plutôt courts en bouche; ils ne demandent pas à être travaillés. Les plus grands modules sont aussi les plus légers, les moyens et les petits ayant davantage d'impact et de personnalité – mais sans jamais fatiguer le palais.
La nouvelle gamme, un *limited blend* (série limitée), tendra vers des arômes plus gras et plus ronds, des saveurs plus nourries. Une nouvelle façon d'élargir encore le grand territoire des goûts du cigare.

Gérard
222
444
666
888
Gérard
PERE ET FILS
GENÈVE

LES NOUVELLES TENDANCES

Le monde du cigare est en effervescence. Jamais, depuis les années 1930, quand Cuba proposait une multitude de petites et grandes marques, le marché mondial n'avait enregistré une telle profusion de créations. Ajouté à la naissance d'une génération d'amateurs en quête de saveurs inédites, ce phénomène engendre évidemment de nouvelles tendances, et pas seulement du point de vue gustatif.

Les goûts

Avec l'éclatement des modes de consommation et l'évolution des palais, la gamme des goûts s'est élargie. Elle tend aujourd'hui à des registres plus doux, plus légers, moins nourrissants. Ce qui n'a pas empêché la magnifique surprise venue de Cuba : une sélection limitée de tabacs puissants, riches et corsés prenant le contre-pied de la tendance suave. Citons à titre d'exemple le Pirámides de Partagás et le Robustos Limited Edition de Montecristo.

Les modules

Il y eut le règne du churchill et du double corona ; puis vint, dans les années 1980, le robusto, suivi de près du torpedo, qui prit même un léger ascendant sur son prédécesseur. Nous sommes, en ce début de millénaire, à l'heure du très petit corona, apprécié non seulement pour ses qualités gustatives, mais aussi pour son format, qui implique une dégustation relativement brève – de l'ordre d'une trentaine de minutes. À l'ère de la course contre le temps, cela s'appelle un choix de société.

La dégustation

Les amateurs ont changé. Et avec eux l'esprit de la dégustation, qui est passé du côté des épicuriens amoureux des grands vins, de la grande cuisine, des grandes vitoles. Le cigare ne se savoure plus dans un cadre conventionnel, selon des rites immuables. L'art de vivre l'a adopté, l'inscrivant notamment dans l'univers des femmes : il y a sans doute gagné en finesse et en subtilité, en souplesse aussi. Les fins de repas ont cessé d'être son domaine exclusif, pour céder le pas aux après-midi – de travail, de réflexion ou de rêverie – et aux soirées, accompagnées ou solitaires. On a appris à déguster le cigare pour lui-même, à le choisir selon le moment, l'entourage, l'humeur. On commence à lui associer la gastronomie et l'œnologie. La voie est ouverte...

Les cigares dans l'air du temps

• ***Bolívar Belicosos Finos :*** longtemps oublié, ce torpedo riche en goût revient sur le devant de la scène en compagnie des plus grands.
• ***H. Upmann Magnum 46 :*** gageons que ce magnifique corona gorda injustement délaissé va renouer avec le succès ; sa taille comme son registre, plus aromatique que puissant, sont totalement en phase avec l'époque.
• ***Ramón Allones Small Club Coronas :*** riche, généreux, libérant des arômes charmeurs, ce très petit corona est un enfant du siècle.

• ***Hoyo de Monterrey Épicure N° 2 :*** aromatique et doux, ce robusto charme par la générosité de sa combustion.

• ***Montecristo Robustos :*** la surprise du chef des Cubains, qui amorce le grand retour des havanes à l'ancienne dans un format moderne ; l'avenir est à lui.

• ***S.T. Dupont Robustos :*** une très belle fabrication, qui plus est européenne (Canaries), d'une suavité parfaitement dans l'air du temps.

• ***Gérard Père et Fils 555 :*** un module (torpedo), une douceur et un soyeux créés pour l'amateur d'aujourd'hui, en quête de cigares faciles à digérer.

• ***Vega Fina Robustos :*** un format toujours très apprécié, dans une gamme légère et veloutée ; ce dominicain frais et légèrement sec, n'imprégnant pas l'atmosphère, a tout pour plaire.

• ***Partagás Série D N° 4 :*** après un long purgatoire, cette figure mythique du format robusto est devenue l'incarnation du retour aux grands séducteurs, complexes et soyeux.

• ***Partagás Pirámides Limited Edition :*** une autre des spectaculaires contre-attaques cubaines ; ce nouveau-né est déjà un classique, avec sa puissance et sa richesse de maduro authentique.

GRANDS AMATEURS DEVANT L'ÉTERNEL

Que vous soyez amateur averti ou que vous vous initiiez à l'univers du cigare, une chose est sûre : vous voyagez en noble compagnie. Nombreuses sont en effet les célébrités qui ont fumé, chanté, prôné le havane – principalement – et les autres – plus récemment. On connaît la passion de Franz Liszt faisant en sorte de toujours avoir, même en période démunie, son content de vitoles et qui, entré au couvent, multiplia les démarches auprès des autorités religieuses jusqu'à obtenir la singulière permission de continuer à fumer. Mais il fut de tout temps de hautes figures pour porter bien haut l'étendard du cigare.

Du grognard au dandy

Le 7 octobre 1815, le maréchal Ney, prince de la Moskova, tombait sous le feu d'un peloton d'exécution qu'il commandait lui-même. Sa dernière volonté avait été d'allumer un cigare. Grâce accordée. Ce furent d'ailleurs les troupes napoléoniennes qui, l'ayant découvert en Espagne, assurèrent la diffusion du cigare. Le monde artistique et littéraire, friand de nouveautés, adopta aussitôt celle-ci. On ne compte plus les écrivains, acteurs, peintres et musiciens s'affichant dès lors le cigare au lèvres : Balzac, Baudelaire, Bizet, Byron, Gautier, Hugo, Mallarmé, Offenbach, Ravel, Renoir, Stendhal, Toulouse-Lautrec, Van Dongen, Wilde – entre autres. Jusqu'à Jules Sandeau, qui affirme que « le cigare est inséparable de toute vie élégante ». Il est aux premières loges : sa compagne s'appelle George Sand.

Un acte de liberté

Plus sage que ne le veut la légende, la belle Aurore Dupin, devenue George pour les besoins de la littérature, fit néanmoins du cigare un symbole de l'affranchissement des femmes et de l'abolition des préjugés sociaux. Image qui perdure, puisque nombre de nos contemporaines disent avoir pris goût au cigare en cherchant, dans un premier temps, un mode d'expression de leur rébellion ou de l'affirmation de soi. De Bonnie Parker – aussi fidèle à Clyde Barrow qu'à sa passion du cigare – à Christine Okhrent ou Anne-Marie de Rougemont – certes moins agitées, mais tout aussi tenaces –, en passant par Kim Basinger, Demi Moore, Whoopi Goldberg ou l'inénarrable Madonna, l'interpellation au monde masculin et aux conventions sociales persiste.
La caustique Colette – qui fumait le cigare au lit – ne conseille-t-elle pas à la jeune Gigi d'apprendre à choisir les cigares de l'homme qu'elle aime afin d'être mieux armée contre lui ?

Une image popularisée

Aujourd'hui – et notamment grâce au cinéma, qui l'a dépouillé de ses excédents d'apparat, mais aussi aux médias, qui ont diffusé les images de personnalités du spectacle ou de la politique tirant sur leur vitole, ou encore à la haute gastronomie, qui lui a donné son bâton de maréchal des arts de la table –, le cigare n'est plus l'apanage d'une certaine société. Il est celui des épicuriens, toutes classes confondues.
De grandes figures de Hollywood – Edward G. Robinson, Charles Laughton, Robert Mitchum, Jerry Lewis, Dean Martin, W.C. Fields, sans parler du géant Orson Welles – ont évidemment beaucoup fait, volontairement ou non, pour modifier l'image du cigare : en s'identifiant à eux – du moins aux personnages qu'ils incarnaient –, le public commença d'adopter leurs habitudes et leurs gestes, à la ville comme à la scène. Aujourd'hui, nombreux sont les journalistes, comédiens, cinéastes, « créatifs » en tout genre qui fument le cigare le plus simplement du monde, sans ostentation et en bons hédonistes qu'ils sont : Pierre Salinger, Michel Denisot, Bernard Pivot, Philippe Gildas, Jean-François Kahn, Philippe Noiret, Jacques Dutronc, Michel Leeb, Jean-Paul Belmondo, Pierre Perret (créateur du « Petit joufflu »), Michel Sardou, Johnny Hallyday, Daniel Barenboim, etc.
Sans parler des figures du monde politique telles que Michel Charrasse, André Santini et autres membres du « Club des Parlementaires », ni des grands chefs, dont nous avons déjà évoqué le prosélytisme en la matière.

Un art de vivre

Si le plus célèbre des amateurs demeure sans doute Winston Churchill – dont on dit qu'il consomma quelque 250 000 doubles coronas tout au long de sa vie –, on ne saurait aujourd'hui affirmer qu'une personnalité incarne mieux qu'une autre la passion du cigare. C'est sans doute qu'il s'agit moins, désormais, d'une passion que d'un goût profond, sensuel, que l'on aime à partager ou à savourer seul, mais sans tapage ni ostentation.
Comme on débouche une belle bouteille pour régaler ses amis ou accompagner une méditation.

Les femmes tiennent une place importante dans l'histoire du cigare. Aujourd'hui affranchies des pesanteurs sociales que dut affronter George Sand, elles en sont plus que jamais de fidèles amateurs, qui plus est souvent excellentes dégustatrices. Ici, l'auteur en compagnie de sa sœur Marie-Christine, qui participe avec ardeur et talent à la bonne marche de la maison Gérard Père et Fils.

LA CAVE IDÉALE - pour débutant -

Voici une sélection de cigares destinée à un amateur débutant. Il ne s'agit bien sûr que d'une suggestion, mais elle repose sur l'expérience et les éléments que nous avons recueillis au cours de longues années de contact et de conseil.

Matinée
Gérard Père et Fils 222. Ce très petit corona ne s'accroche pas au palais, laissant en bouche une sensation courte et fraîche.

Après déjeuner léger sans alcool
Gérard Père et Fils 555. Une gamme aromatique douce, ronde et grasse, dans un style facile – qui est d'ailleurs la carte de visite de cet agréable torpedo.

Après déjeuner léger avec alcool
Cuaba Exclusivos. Un exquisito (figurado) frais et boisé, s'ouvrant peu à peu sur des notes plus grasses et plus épicées, qui ne met pas trop l'amateur à contribution.

Après déjeuner copieux avec alcool
El Rey del Mundo Cabinet Selección Choix Suprême. Frais, facile à fumer, cet hermoso n° 4 (robusto) « sympa », doux et aromatique, affiche une étonnante légèreté qui le rend accessible au débutant.

Après-midi
S.T. Dupont Robustos. Élégant et discret, il est d'une facilité déconcertante. Sa combustion parfaitement homogène ne fatigue jamais.

Apéritif
Mieux vaut laisser le palais se reposer, pour qu'il arrive frais et dispos au repas du soir !

Après dîner léger sans alcool
Rafael González Petit Coronas. Assez végétal, avec de jolies notes boisées, ce mareva aromatique et doux est plus difficile sur la fin. Une bonne initiation.

Après dîner léger avec alcool
La Gloria Cubana Médaille d'Or N° 1. Un delicado (gran panetela) de qualité, très élégant, d'une combustion singulièrement facile pour ce format.

Après dîner copieux avec alcool
Quai d'Orsay Imperiales. Ce julieta (churchill) boisé, aromatique et doux convient particulièrement au débutant, qui peut découvrir avec lui un module habituellement plus lourd et moins facile.

De haut en bas et de gauche à droite : Rafael González Petit Coronas, Cuaba Exclusivos, Gérard Père et Fils 222, Quai d'Orsay Imperiales, El Rey del Mundo Cabinet Selección Choix Suprême, Gérard Père et Fils 555, La Gloria Cubana Médaille d'Or N° 1, S.T. Dupont Robustos.

QUAI D'ORSAY
HABANA
PARIS
LA GLORIA
DE
C.E.G.
HABANA
UEL MUNDO
HABANA
Cuaba
Dupont
PARIS
E ET FILS
GENÈVE

LA CAVE IDÉALE - pour amateur -

Cette sélection s'adresse à l'amateur occasionnel, qui s'est déjà initié aux différents formats et à une palette assez large de saveurs.

Matinée
San Cristobal de La Habana El Príncipe. Ce minuto (très petit corona) végétal et très frais ouvre joliment la journée.

Après déjeuner léger sans alcool
Padrón 1964 Anniversary Coronas. Riche et aromatique, ce cigare sec n'est pas trop long en bouche.

Après déjeuner léger avec alcool
Arturo Fuente Fuente Perfexción Opus X Robustos. Un beau dominicain aromatique et gras, dénué de notes épicées, qui conclut parfaitement un repas léger.

Après déjeuner copieux avec alcool
Rafael González Coronas Extra. Ce corona gorda (gran corona) dans la haute tradition du havane séduit par son côté fleuri, sa combustion facile et son bel équilibre.

Après-midi
Gérard Père et Fils 444. Un robusto très agréable, dont la fraîcheur et la combustion généreuse accompagnent en douceur le palais en attendant la soirée.

Apéritif
La Gloria Cubana Médaille d'Or N° 3. Léger dans son premier tiers puis allant en s'amplifiant, ce panetela larga boisé et riche est sans doute l'un des plus faciles à fumer.

Après dîner léger sans alcool
Por Larrañaga Petit Coronas Cabinet Selection. Ce cigare aromatique développe de belles notes florales qui lui confèrent beaucoup de charme. Sa rondeur et sa finale généreuse comblent l'amateur.

Après dîner léger avec alcool
H. Upmann Connoisseur N° 1. Un hermoso n° 4 (robusto) plutôt discret, très accessible, qui se montre généreux dans un registre léger. Sa combustion rapide et agréable est un bonheur.

Après dîner copieux avec alcool
El Rey del Mundo Taínos. Un julieta (churchill) frais, léger, accessible, qui ne fatigue pas. Une excellente initiation aux grands modules.

De haut en bas et de gauche à droite : Rafael González Coronas Extra, Por Larrañaga Petit Coronas Cabinet Selection, El Rey del Mundo Taínos, La Gloria Cubana Médaille d'Or N° 3, Arturo Fuente Fuente Opus X Perfexción Robustos, Gérard Père et Fils 444, H. Upmann Connoisseur N° 1, Padrón 1964 Anniversary Coronas, San Cristóbal de La Habana El Príncipe.

MARCA INDEPENDIENTE
POR
LARRAÑAGA
BANA
1964
UPMANN
ABANA

LA CAVE IDÉALE - pour amateur averti -

On entre ici dans l'univers des vitoles aromatiques au goût prononcé, qui demande une certaine contribution à l'amateur. Cette sélection s'adresse à des palais aguerris.

Après petit-déjeuner
Partagás Shorts. Ce minuto (très petit corona) est un séducteur : frais et aromatique, il déploie des notes vanillées et fleuries qui permettent de bien commencer la journée.

Matinée
Cohiba Siglo III. Un corona grande subtil et dénué d'acidité, qui ouvre la journée tout en élégance et en délicatesse.

Après déjeuner léger sans alcool
Partagás Coronas Cabinet Selection. Noble et généreux, ce havane de haute tradition va droit au but, tapissant le palais de sa très grande richesse aromatique.

Après déjeuner léger avec alcool
San Cristóbal de La Habana La Punta. Un pirámide (torpedo) qui ne s'en laisse pas conter : sa montée en puissance est remarquable pour un cigare aussi jeune.

Après déjeuner copieux avec alcool
La Gloria Cubana Médaille d'Or N° 2. Riche et très présent, voici un dalia (churchill) de race. Ses notes boisées et épicées couronnent un beau repas.

Après-midi
Saint Luis Rey Regios. Facile à aborder, cet hermoso n° 4 (robusto) doux et légèrement boisé fait un excellent cigare de compagnie.

Apéritif
Ramón Allones Small Club Coronas. Une valeur sûre dans la gamme des minutos (très petits coronas). Cet excellent cigare aux arômes ronds et gras prépare superbement le palais.

Après dîner léger sans alcool
Hoyo de Monterrey Le Hoyo des Dieux. Fruité et mielleux, ce corona grande de qualité se caractérise notamment par une combustion lente, mais facile, qui exprime une belle variation aromatique.

Après dîner léger avec alcool
Romeo y Julieta Belicosos. Couronnant parfaitement un repas de poisson, par exemple, ce campana (torpedo) aux arômes capiteux offre des sensations intenses.

Après dîner copieux avec alcool
Partagás Lusitanias. Puissant, tannique, très présent, ce prominente (double corona) de très haute tenue est l'un des meilleurs que l'on puisse trouver.

De haut en bas et de gauche à droite : Saint Luis Rey Regios, Hoyo de Monterrey Le Hoyo des Dieux, San Cristóbal de La Habana La Punta, Romeo y Julieta Belicosos, Partagás Shorts, Cohiba Siglo III, Ramón Allones Small Club Coronas, Partagás Coronas, Partagás Lusitanias, La Gloria Cubana Médaille d'Or N° 2.

N. R. S.
HABANA
HOYO DE MONTERREY
de
JOSÉ GENER
HABANA
DE
FLOR DE TABACO
PARTAGAS
HABANA

LA CAVE IDÉALE - pour connaisseur -

Cette sélection s'adresse à des amateurs confirmés de sensations fortes, dégustant très régulièrement – éventuellement tout le long de la journée – des cigares riches et corsés.

Après petit-déjeuner
Punch Super Selection N° 2. S'imposant au palais dans des valeurs terreuses et épicées, ce très bon corona gorda amorce bien la journée grâce à sa remarquable tonicité.

Matinée
H. Upmann Magnum 46. D'un excellent rapport taille/diamètre, ce corona gorda plus aromatique que puissant est étonnamment facile à déguster.

Après déjeuner léger sans alcool
Juan López Selección N° 1. Doux, léger, frais, mais racé, ce corona gorda est moins puissant que d'autres cigares de ce format. C'est ce qui le destine à ce type de déjeuner.

Après déjeuner léger avec alcool
Partagás Série D N° 4. Très aromatique et capiteux, ce robuste ne manque pas de personnalité ! Pour amateurs de goûts prononcés tapissant le palais.

Après déjeuner copieux avec alcool
H. Upmann Sir Winston. La puissance de ce julieta (churchill) le destine aux palais en quête de valeurs ambrées et boisées, assez lourdes. Un très bon cigare, généreux et bourru.

Après-midi
Ramón Allones Petit Coronas. Un mareva classique, assez agressif, aux valeurs terreuses. Indiscutablement, pour palais avertis aimant les goûts prononcés.

Apéritif
Bolívar Belicosos Finos. Plus facile qu'autrefois, ce campana (figurado) subtil, très aromatique, se marie admirablement au champagne, qui l'exalte.

Après dîner léger sans alcool
Punch Double Coronas. Très bien travaillé, ce prominente est l'un des grands de sa catégorie. Libérant beaucoup de corps et de parfum, il monte en puissance dans de savoureuses notes mielleuses et épicées.

Après dîner léger avec alcool
Montecristo « A ». Un gran corona (especial) de belle taille qui montre beaucoup de présence en bouche. Puissant, capiteux, il peut fatiguer un peu.

Après dîner copieux avec alcool
Partagás Pirámides Limited Edition. Un très grand havane, tout en puissance et en style. La riche gamme des épices demande beaucoup d'attention.

De haut en bas et de gauche à droite : Bolívar Belicosos Finos, H. Upmann Magnum 46, Partagás Série D N° 4, Ramón Allones Petit Coronas, Punch Double Coronas, H. Upmann Sir Winston, Montecristo « A », Punch Super Selection N° 2, Juan López Selección N° 1, Partagás Pirámides Limited Edition.

HABANA

LES MOTS DU CIGARE

Bague : petite bande de papier entourant le cigare. Conçue comme une protection, elle sert de support ornemental à la marque.

Boîte nature : boîte en cèdre non verni, non recouverte de papier. Les cigares, présentés sur deux rangées, y conservent leur rondeur (exemple : Partagás Série D N° 4).

Boîte semi-nature : boîte en cèdre verni (exemple : Ramón Allones 8-9-8 Cabinet Selection Verni).

Boîte traditionnelle : boîte en cèdre tapissée et recouverte de papier orné de *vistas*. Plus étroite et moins haute que la boîte nature, elle imprime aux cigares une forme plus carrée.

Cabinet : en cèdre naturel ou verni, le cabinet est cubique. Il contient des cigares non bagués, par demi-roue ou quart de roue, retenus par un ruban doré.

Caisson : autre mot désignant les boîtes naturelle ou traditionnelle.

Cape : robe du cigare. Constituée d'un rectangle taillé dans une demi-feuille dite « de cape », elle doit être le plus homogène possible.

Capote : autre mot désignant la sous-cape.

Casa de tabaco : au cœur des plantations, structure de bois très aérée où les feuilles sont mises à sécher après la récolte.

Cepo : calibre du cigare (diamètre), calculé en 64ᵉ de pouce. Il tient son nom de l'ustensile grâce auquel le *torcedor* vérifie le diamètre des cigares qu'il confectionne.

Chaveta : large lame de métal, en forme de demi-lune, avec laquelle le *torcedor* taille et presse les feuilles.

Ceinture : ruban entourant le fagot pour en maintenir la cohésion.

Cigarier : autre mot désignant le *torcedor*. La plus haute figure de la spécialité est... une cigarière sévillane du nom de Carmen, immortalisée par Bizet.

Cru : à l'instar du vin, le cigare a ses crus, c'est-à-dire des zones de plantation dont le tabac recèle des spécificités biologiques, techniques, aromatiques, etc.

Culebra : module correspondant à trois petits cigares tressés. Le psychanalyste Jacques Lacan en était très amateur.

Demi-roue : botte de 50 cigares retenus par un ruban. On dit aussi fagot.

Divin : surnom imagé désignant le meilleur de la dégustation d'un cigare. Il est précédé du foin et suivi du purin.

Écotage : opération consistant à découper la nervure centrale des feuilles de tabac.

Escogedor : ouvrier chargé de classer les cigares selon leur couleur de cape.

Escogida : grande fête célébrée dans tous les villages de planteurs cubains au moment du choix des feuilles par les experts des *fábricas*. On parle aussi de « fête du tri ».

Fábrica : mot désignant la manufacture de tabac, autrement dit l'endroit où sont fabriqués les cigares.

Fagot : synonyme de demi-roue.

Finca : exploitation agricole cubaine consacrée au tabac.

Foin : premier tiers du cigare, généralement plus neutre que le divin, lui-même moins soutenu que le purin.

Fumer à cru : humer les arômes d'un cigare avant allumage.

Fumigation : opération consistant à éliminer tous les parasites présents dans les feuilles de tabac.

Galera : atelier de roulage des cigares. Par extension, nom technique donné aux différents modules (on dit aussi vitole de production).

Gavilla : gerbe de 40 à 50 feuilles de tabac quittant la *casa de tabaco* pour la *fábrica*.

Matage : opération consistant à farder le cigare d'une poudre de tabac destinée à en homogénéiser l'apparence. Méthode longtemps très prisée des Américains.

Mélange : assemblage de tabacs de différentes origines. Une fois fondue et conduite à maturité, cette association fera l'identité du cigare. On dit aussi *blend*.

Module : format d'ensemble du cigare, prenant en compte sa forme, sa longueur, son diamètre (ou cepo) et son poids approximatif.

Mouilleur : ouvrier chargé de la réhumidification du tabac en vue de la deuxième fermentation.

Patte d'éléphant : cigare très particulier qui a fait la réputation de Manille. Rectangulaire et épaté au pied, étroit et rond à la tête, il évoque vraiment une patte d'éléphant...

Pied : extrémité par laquelle on allume un cigare.

Planchette : support de bois sur lequel travaille le *torcedor*.

Poupée : ensemble formé par la tripe entourée de la sous-cape. La poupée sera ensuite enveloppée dans la cape.

Purin : dernier tiers du cigare. Certains éteignent leurs vitoles avant d'y parvenir, d'autres le considèrent comme le fin du fin. C'est, de toute façon, la partie la plus chargée en nicotine.

Puro : nom espagnol du cigare. Se dit aussi d'une vitole constituée d'un seul tabac.

Quart de roue : botte de 25 cigares.

Robe : autre nom de la cape.

Rouleur : traduction usuelle du mot *torcedor*.

Sceau de garantie : bande de papier vert fermant les boîtes de havanes et garantissant leur origine.

Sous-cape : feuille de tabac qui retient la tripe pour former la poupée. Elle-même sera enveloppée de la cape.

Tapado : voile de coton blanc protégeant les plants de tabac des brûlures du soleil et du dessèchement. Par extension, champ de tabac où cette méthode est appliquée.

Tercio : nom de la gerbe de feuilles après le tri, au sortir de la *casa de tabaco* et à son entrée dans la *fábrica*.

Tête : extrémité du cigare que l'on porte en bouche.

Torcedor : ouvrier qualifié chargé de rouler les cigares. On dit aussi rouleur ou cigarier.

Tripe : ensemble des feuilles pressées qui constituent le corps du cigare. La tripe est roulée dans la sous-cape, puis enveloppée dans la cape.

Vega : à l'origine, champ de tabac. Par extension, cru ou terroir.

Veguero : ouvrier travaillant dans la plantation de tabac.

Vista : image, généralement haute en couleur, venant décorer le revers du couvercle des boîtes traditionnelles ou la feuille de papier recouvrant les cigares.

Vitole : quand il s'agit de la vitole commerciale, le mot désigne l'ensemble marque/module/mélange. Quand il s'agit de la vitole de production, le mot est synonyme de *galera*. Ainsi, un même label peut proposer quatre cigares différents pour un seul format. Ledit format correspond à une seule vitole de production, mais les cigares sont autant de vitoles commerciales distinctes.

INDEX

Les folios en italique renvoient aux illustrations.

Remerciements

À Anton Molnar et Antoni Vives Fierro,
pour avoir introduit l'art dans l'univers du cigare.

À ma mère, pour son exemple.
À mon épouse, pour sa patience.
À ma sœur, pour sa complicité.
À Sévan et Taline, bien sûr.

Conception graphique : Delphine Delastre

Crédits illustrations
Toutes les photographies sont de Matthieu Prier, à l'exception des suivantes.
Pp. 4 ,6 et 18 : DR ; Gamma : p. 9, Ferri/Liaison ; pp. 11, 23 dr. et 26, Marc Deville ;
pp. 13 et 15, Franck Caradec ; p. 21, Mingasson/Liaison ; 23 g., P. Siccoli ;
p. 27, Jean-Marc Loubat.

ISBN : 2-0820-0707-3
N° d'édition : FT 0707-01
Dépôt légal : novembre 2001
Imprimé en Italie par Stige - Turin

Gérard

PÈRE ET FILS

Le cigare

LES MEILLEURS CIGARES DU MONDE

PHOTOS DE MATTHIEU PRIER

Flammarion

Escogedoras, *huile sur toile, Antoni Vives Fierro.*

SOMMAIRE

Les noms des cigares non cubains sont suivis des initiales de leur pays d'origine (C : îles Canaries ; D : République dominicaine ; H : Honduras ; N : Nicaragua).

À mon père, qui nous a transmis sa passion.

AVANT-PROPOS

Prétendre présenter les meilleurs cigares du monde relève bien entendu du défi impossible. Cela posé, il est intéressant, en opérant un choix de cette nature, de noter les évolutions, les bouleversements, les mutations de l'univers du cigare, mais aussi ses permanences. Car, si chaque année – chaque jour ? – apporte son lot de créations, il demeure de grands classiques, indétrônables, dont l'excellence assure la pérennité.

Mais, puisqu'il fallait choisir, comment avons-nous opéré ? Rappelons en préambule que les cigares commentés ici sont issus de nos salles de maturation, autrement dit conservés dans des conditions idéales leur permettant d'être à tout moment au meilleur d'eux-mêmes. Nous avons ensuite procédé par élimination, n'étant sélectionnés que ceux qui avaient ce « petit quelque chose » qui les distingue de leurs concurrents, fussent-ils remarquables. Enfin, le cœur a ses raisons... Au départ comme à l'arrivée, nous sommes des amateurs, ayant, comme vous, des préférences, des humeurs, des souvenirs...

Précaution indispensable à la bonne compréhension des notes que nous avons attribuées : par « force », nous n'entendons pas seulement puissance, mais aussi richesse aromatique ; la « régularité » concerne principalement celle de la fabrication (souplesse, compacité, respiration) et du tirage, qui est un facteur essentiel de la dégustation. Quant à la note dite « de cœur », elle ne constitue pas un critère absolu, mais doit être comprise comme un rapport de comparaison. En effet, tous les cigares présents dans cet ouvrage sont de très haute qualité. Encore faut-il s'entendre sur ce terme. Car un cigare peut être irréprochable sur sa matière première, sa manufacture, sa finition, sa maturation... et ne pas nous séduire au final. Par ailleurs, relativement les unes aux autres, puis à leur potentiel propre (une vitole jeune peut progresser au fil de la maturation ; une autre, plus ancienne, a été récemment repensée et mérite qu'on lui laisse un peu de temps pour juger de ses ressources réelles), les plus belles réalisations marquent d'infimes différences, de subtiles nuances, qu'il n'est pas inutile de chiffrer, à titre indicatif, pour les consommateurs que nous sommes tous.

Enfin, nous avons regroupé sous la rubrique « Plaisir » des informations permettant de goûter pleinement le moment de la dégustation : précisions historiques, accords cigare/mets/vins/alcool, précautions d'usage selon qu'on est amateur averti ou débutant, etc. Le tout destiné à aiguiser la perception et l'analyse.

Notre vœu le plus cher, fil conducteur d'un tel ouvrage, est que vous quittiez cette lecture les papilles en alerte et les sens en éveil, mus par une belle envie de déguster l'un des cigares que nous vous avons présentés... ou un autre. Car, s'il ne faut jamais oublier qu'une vitole demande, pour parvenir au plein épanouissement, attention, soins, suivi de tous les instants – en d'autres termes, beaucoup de passion –, il n'est meilleure façon de se préparer à la déguster que d'en rêver. Nous espérons simplement, avec ce livre, être les artisans de votre rêve.

Pirámide - Cuba -

COHIBA MILLENNIUM 2000

Longueur : 156 mm
Diamètre : 20,64 mm (cepo 52)
Corps : rond
Présentation : jarre de porcelaine de 25 pièces

Vue

L'extraction de la jarre découvre des torpedos bien construits, dont la bague 2000 n'est pas la bande classique de Cohiba. Les tabacs *colorado* et *maduro* donnent une impression de puissance.

Toucher

On est dans la famille des cigares plutôt rugueux et gras, avec un bel équilibre entre le corps, allongé, et la tête, parfaitement conique.

Nez

La présentation en jarre favorise les perceptions olfactives. Les premières notes, fraîches, ouvrent rapidement sur des arômes plus puissants, cacaotés, et sur une longue valeur grasse.

Goût

Le Millennium frappe par sa richesse, sa puissance, sa rondeur et sa profondeur. Attention, toutefois : dans sa jeunesse, il développe des saveurs astringentes, le troisième tiers montrant un excès de chaleur ; une bonne maturation dissipera ces petits défauts pour laisser s'épanouir la poésie gustative d'un cigare corsé – épices mêlées de flaveurs légèrement terreuses. Un Cohiba aromatiquement atypique.

Plaisir

Apparu à la fin du siècle dernier et réalisé en 2000 comme pièce de collection, ce beau cigare mérite d'être conservé plusieurs années : quand il aura atteint sa plénitude, il sera intéressant de le mesurer à l'aune d'un Haut-Brion, d'un Lafite ou d'un Petrus du même millésime.

APPRÉCIATION D'ENSEMBLE

Force : 8,5 – Régularité : 9 – Note de cœur : 8,5

DIPLOMÁTICOS N° 2

Longueur : 156 mm
Diamètre : 20,64 mm (cepo 52)
Corps : carré
Présentation : boîte traditionnelle de 25 pièces

Vue

Riche et plein, ce cigare bien construit est marqué par une très belle finition de la tête. En *colorado claro* comme en *maduro*, son style franc offre la perspective d'une certaine puissance.

Toucher

Plus souple que moelleux au toucher, ce cigare dégage une indéniable énergie, soulignée par l'onctuosité correspondant au mélange d'humidité et de gras naturel.

Nez

Riche, le nez libère des notes florales soutenues, presque astringentes les deux premières années, mais qui vont ensuite s'arrondir et gagner en noblesse.

Goût

Libérant dès le début un goût riche et puissant qui peut même fatiguer un non-connaisseur, il est à son meilleur au moment du divin ; on peut le laisser reposer quelques minutes, il n'en repartira que mieux vers la concentration du dernier tiers : les arômes d'épices humides évoluent alors vers des notes plus boisées, la combustion assez chaude ne le rendant accessible qu'à un public averti.

Plaisir

Longtemps demeuré dans l'ombre des stars du format, le Diplomáticos N° 2 n'a trouvé son public que depuis une dizaine d'années. Ce beau cigare règne désormais sur l'après-dîner, en compagnie, si possible, d'un alcool qui en facilitera la dégustation. Une bonne maturation adoucira la puissance surprenante du départ.

APPRÉCIATION D'ENSEMBLE

Force : 8,5 – Régularité : 8 – Note de cœur : 7,5

7

H. UPMANN N°2

Longueur : 156 mm
Diamètre : 20,64 mm (cepo 52)
Corps : carré
Présentation : boîte traditionnelle de 25 pièces

Vue

Dès l'ouverture de la boîte, ce cigare dégage une présence indiscutable. Souvent manufacturé dans des tons *colorado*, il déploie des rouges et bruns accusant encore son charisme. Certaines feuilles plus veinées ressortent dans un ensemble d'une grande régularité.

Toucher

Rigide et compact, ce torpedo est très homogène : son pied régulier ouvre sur un corps bien nourri pour finir sur une tête en ogive parfaite. Velouté, il laisse une légère pellicule grasse dans la main. On appréciera son côté ferme et masculin, assez imposant.

Nez

Révélant une puissance épicée sur fond ambré, le nez offre les prémices de la dégustation. Le bouquet est marqué d'arômes épanouis de sous-bois très humide.

Goût

Les premières volutes annoncent une grande richesse et une puissance grasse. Très long en bouche, le H. Upmann N° 2 révèle une générosité axée sur des arômes épicés, poivrés et corsés. Tout à fait dans la tradition du format en obus.

Plaisir

Il aura fallu des années à ce grand figurado pour s'imposer au côté du Montecristo N° 2. Contrairement à ce que son apparence pourrait laisser croire, il ne montre aucune lourdeur : c'est le compagnon idéal des repas riches pour amateurs avertis. Assurément pas une vitole de touriste.

APPRÉCIATION D'ENSEMBLE

Force : 9 – Régularité : 8,5 – Note de cœur : 9

MONTECRISTO N° 2

Longueur : 156 mm
Diamètre : 20,64 mm (cepo 52)
Corps : carré
Présentation : boîte traditionnelle de 25 pièces

Vue

Si la gamme chromatique du roi des torpedos varie des teintes les plus claires aux tons les plus foncés – les cigares montrant alors un gras persistant –, c'est assurément le *colorado* qui lui sied le mieux.

Toucher

Un corps parfait, souple et tendu à la fois, avec une finition des têtes qui relève de l'orfèvrerie. Il est si bien en main qu'on le tient comme un double corona, ce qui n'est pas le moindre de ses charmes.

Nez

Très présent, riche, avec une présence des épices qui le différencie radicalement de la ligne de la marque. Le corps libère un cuir léger, le pied donnant quant à lui la pleine mesure des arômes boisés, ronds et gras.

Goût

Si le départ du premier tiers est plus généreux que goûteux, tout se joue dans la deuxième phase, avec des arômes plus percutants de bois, cuir et terre humide, ouvrant sur la montée en puissance finale des épices grasses, amplifiée par le format conique.

Plaisir

Souvent critiqué, le Montecristo N° 2 demeure un grand cigare lorsqu'il est manufacturé dans les règles de l'art. C'est indiscutablement une vitole à part, très typée et très spécifique, à ne juger à l'aune d'aucune autre. Dégustez ce seigneur après un repas riche et de haut niveau, accompagné de vins *ad hoc*, issus de terres de soleil.

APPRÉCIATION D'ENSEMBLE

Force : 9 – Régularité : 8,5 – Note de cœur : 8,5

PARTAGÁS PIRÁMIDES LIMITED EDITION

Longueur : 156 mm
Diamètre : 20,64 mm (cepo 52)
Corps : carré
Présentation : boîte traditionnelle de 25 pièces

Vue

Les feuilles gorgées de sève et de soleil qui le façonnent donnent à ce havane de haute tradition gras, richesse et densité. Brun foncé mêlé de terre de feu, il affiche un style brut et franc que l'on retrouvera à tous les niveaux de l'analyse.

Toucher

Un velouté extrême et une légère rugosité caractérisent ce corps souple et ferme à la fois, couronné par une tête d'une remarquable régularité.

Nez

Si le corps libère de subtiles notes de cuir jeune, le pied développe des parfums enivrants et entêtants d'épices. Très accrocheur.

Goût

Le havane dans toute sa splendeur : l'authenticité des années 1940-1950, tout en puissance et en richesse, tannique dès le départ. Son registre épicé, très caractéristique, s'adresse aux amateurs confirmés.

Plaisir

Cette édition limitée (bague *edición limitada*, fabrication jusqu'en 2001) fait dans la puissance et le style : la grande tradition aromatique prenant à contre-pied les tendances fin de siècle. Destiné aux longues soirées d'hiver, où l'on refait le monde assis au coin du feu en dégustant un alcool puissant, il fera un vintage sublime.

APPRÉCIATION D'ENSEMBLE

Force : 10 – Régularité : 9 – Note de cœur : 9,5

SAN CRISTÓBAL DE LA HABANA
LA PUNTA

Longueur : 156 mm
Diamètre : 20,64 mm (cepo 52)
Corps : carré
Présentation : boîte traditionnelle de 25 pièces

Vue

Digne des grands torpedos, le San Cristóbal La Punta est une sélection de tabacs soyeux arborant de beaux tons *gold* à rouges qui ne manquent pas de noblesse.

Toucher

Sa régularité de construction met en valeur l'onctuosité grasse de sa matière, marquée par un léger velouté dans les couleurs les plus soutenues.

Nez

Son parfum n'est pas encore très révélateur, en raison de son jeune âge. Pris au pied, le bouquet libère des notes vertes et florales. Gageons que quelques années de maturation bien conduite lui seront d'un grand bénéfice.

Goût

Si le départ est doux et aromatique, on sent qu'il ne s'agit pas d'un enfant de chœur : le divin marque le palais de sa puissance et de sa richesse, ouvrant sur une finale corsée. Une performance pour une vitole aussi jeune, qui plus est ne tombant jamais dans l'excès de chaleur propre aux cigares trop verts.

Plaisir

Créé à la fin des années 1990, qui prisèrent ce type de format, La Punta est le torpedo qu'une marque ambitieuse se devait d'offrir à l'air du temps. Au sein de la gamme, où il s'impose par ses valeurs grasses et persistantes, il joue les ténors en matière de richesse. Son style s'adapte à un dîner accompagné d'un vin rouge tannique, boisé et légèrement fumé.

APPRÉCIATION D'ENSEMBLE

Force : 7 – Régularité : 8 – Note de cœur : 7,5

VEGAS ROBAINA ÚNICOS

Longueur : 156 mm
Diamètre : 20,64 mm (cepo 52)
Corps : carré
Présentation : boîte traditionnelle de 25 pièces

Vue

Apparaissant souvent dans des tons *claro* ou *colorado*, plus rarement *maduro*, ce très beau cigare bagué d'or et de brun ne passe certes pas inaperçu. Il s'impose notamment par sa cape sans nervures apparentes.

Toucher

Fourni, compact sans être tassé, délicatement velouté, ce bâton de maréchal montre à la fois une belle rigidité et une grande souplesse.

Nez

Marqué de notes végétales nuancées de terre humide au pied, l'Únicos développe des arômes rustiques, terreux et gras, soulignés là encore de touches végétales – mais pas florales.

Goût

Plus puissant module de la nouvelle marque, ce torpedo bien inscrit dans la tradition s'impose dès les premiers instants, allant jusqu'à fatiguer les palais néophytes. Riche, puissant, évoluant dans un registre d'épices corsées, il gagnera sans doute en rondeur et en suavité après quelques années de maturation.

Plaisir

Destiné aux amateurs de sensations brutes, avec montée en puissance rapide, ce cigare généreux couronne superbement un dîner de chasse. Choisissez-lui un grand armagnac pour compagnon, l'alcool brun soulignant en toute harmonie son beau déploiement d'arômes.

APPRÉCIATION D'ENSEMBLE

Force : 9 – Régularité : 7 – Note de cœur : 6,5

BOLÍVAR BELICOSOS FINOS

Longueur : 140 mm
Diamètre : 20,64 mm (cepo 52)
Corps : rond
Présentation : cabinet de 25 pièces,
boîte traditonnelle de 25 pièces

Vue

La présentation en cabinet offre de magnifiques bottes de « bâtons de chocolat » d'une rare harmonie, dont la gamme chromatique varie de l'ocre léger au brun soutenu, en passant par diverses nuances de mordoré et, parfois même, de vert.

Toucher

Très moelleux, le corps gras et souple séduit particulièrement. L'excellent rapport taille/diamètre confère une excellente tenue en main.

Nez

Un bouquet plein, riche, boisé et épicé, qui ne trompe pas son monde.

Goût

Comme tout torpedo, le Belicosos Finos commence en douceur, dans un registre riche, mais peu soutenu. Il ne dévoile qu'ensuite des arômes plus corsés, marqués de notes épicées rondes qui lui vont à merveille. La finale, tout en puissance, gagne en persistance grâce au format conique de la tête.

Plaisir

Très complémentaire du module robusto, ce torpedo n'en a pas le caractère instantané ni la rapidité de développement ; en revanche, il est mieux « habillé » que ce dernier, plus complexe aussi, avec une finale plus porteuse.
Dégustez-le après un déjeuner ou en journée, si vous aimez les goûts relevés, et sans alcool, qui ne lui apporte rien. Il fait un excellent vintage.

APPRÉCIATION D'ENSEMBLE

Force : 7,5 – Régularité : 9 – Note de cœur : 8

• *Dans la même famille : le* ***Sancho Panza Belicosos,*** *beaucoup plus floral et plus puissant.*

ROMEO Y JULIETA BELICOSOS

Longueur : 140 mm
Diamètre : 20,64 mm (cepo 52)
Corps : carré
Présentation : boîte traditionnelle de 25 pièces

Vue

Superbe d'homogénéité, la cape peu nervurée de ce campana lui confère une apparence de roi. Très peu nervuré, dans des tons assez soutenus, il est gras à souhait, sans excès d'huile.

Toucher

Un joufflu (élégant) à tête de lutin... Ce sympathique cigare tenant bien dans la main se montre idéalement souple et moelleux – du moins quand il n'est pas trop serré.

Nez

Au pied, le bouquet généreux se révèle assez éloigné des arômes de cuir doux du corps. Le nez offre indiscutablement une forme de suavité, dépourvue toutefois de tout caractère sirupeux.

Goût

Dès le départ, le Belicosos déploie un goût typé et racé d'épices boisées, le tout étayé par des notes grasses. Le genre de cigare que l'on trouve toujours un peu court. Sa combustion parfaite – quand il est réalisé dans les règles de l'art –, amplifiée par sa finition de torpedo, fait passer le lutin dans la catégorie des (futurs) vieux sages.

Plaisir

On l'apprécierait davantage encore avec quelques centimètres de plus... Ce savoureux séducteur sait se faire regretter. Il est parfait sur un dîner de poisson, un soir d'été au bord d'un lac, accompagné d'un vin blanc gras et fruité.

APPRÉCIATION D'ENSEMBLE

Force : 7 – Régularité : 8 – Note de cœur : 9

ARTURO FUENTE HEMINGWAY RESERVA ESPECIAL SIGNATURE

Longueur : 152 mm
Diamètre : 19 mm (cepo 48)
Corps : rond
Présentation : boîte semi-nature de 25 pièces sous cellophane à l'unité

Vue

Bagué de rouge et or, ceint de noir, ce cigare ne manque pas de charme ni de prestance dans sa belle cape brun foncé, d'une remarquable précision dans la finition.

Toucher

Extérieur souple, intérieur légèrement craquant très agréable en main, ce figurado offre un toucher moelleux, plus soyeux que gras. La belle cape, très homogène, est finement granuleuse.

Nez

Très floral, rond et court, c'est un nez typiquement Arturo Fuente. Les arômes sont doux, légèrement marqués de poussière sur la fin.

Goût

L'attaque franche et directe d'un cigare doux et frais : si le départ paraît un peu sec en bouche, il se corrige tout de suite pour atteindre des arômes boisés plus ronds, soulignés sur le dernier tiers par un discret caractère gras. Une excellente combustion donne de l'ampleur à l'ensemble, en évitant toutefois l'échauffement.

Plaisir

Digne représentant de la nouvelle génération de cigares doux et faciles à déguster, le Hemingway Reserva Especial Signature fait un excellent cigare du matin – pour peu que l'on dispose d'un peu de temps – ou de la journée.

APPRÉCIATION D'ENSEMBLE

Force : 6,5 – Régularité : 8,5 – Note de cœur : 7,5

SANTA DAMIANA TORPEDO

Longueur : 159 mm
Diamètre : 19 mm (cepo 48)
Corps : rond
Présentation : boîte traditionnelle de 25 pièces

Vue

Un torpedo parfaitement régulier, à la tête légèrement plus allongée que de coutume (le cône s'amorce plus tôt). Son tabac d'un *gold* clair est élégamment souligné d'une belle bague à dominante bleue.

Toucher

Ce cigare homogène, plus velouté que gras, offre une belle prise en main, assez imposante. Sa légère compacité n'exclut pas la souplesse, surtout au pied, très rond.

Nez

Si, au pied, le bouquet est surtout végétal, le corps révèle une douceur mielleuse d'une agréable rondeur. Très volatil, le parfum ne s'accroche pas, laissant au nez une sensation de fraîcheur inédite dans ce format.

Goût

Le départ est doux, accompagné d'une pointe sèche qui évolue très vite sur davantage de rondeur et d'élégance, sans aucune agressivité. Le troisième tiers voit une montée en puissance d'arômes exotiques gras et corsés.

Plaisir

Un torpedo à recommander aux néophytes, pour lesquels il constitue une excellente initiation à ce format. Il fait un bon cigare de journée pour amateur averti, notamment après un déjeuner d'été – et même par temps chaud, car il ne fatigue pas.

APPRÉCIATION D'ENSEMBLE

Force : 7 – Régularité : 7,5 – Note de cœur : 7,5

• *Dans la même famille : le* ***Vega Fina Pirámide****, dont la structure aromatique est très proche.*

CUABA EXCLUSIVOS

Longueur : 145 mm
Diamètre : 17,82 mm (cepo 45)
Corps : rond
Présentation : boîte traditionnelle de 25 pièces

Vue

A première vue, il évoque un peu les cigares en vogue au Benelux courant XIXe siècle (tête et pied coniques). Mais il n'est certes pas fait des mêmes tabacs. Sa bague signée d'or est tout à fait dans l'esprit actuel.

Toucher

Régulier, bien que légèrement plus serré à la tête qu'au pied, il ne manque pas de tenue, mais d'une certaine prestance – ce qui n'est pas nécessairement dû à sa seule étroitesse.

Nez

Sans grande fantaisie, il est frais et floral, avec une pointe de boisé sec. Des notes de fougère et de poivre vert, marquées d'une légère amertume, dominent le corps.

Goût

Sa fraîcheur, entre sécheresse et légèreté, souligne son registre aromatique boisé – le plus prononcé de la gamme. Le départ lent, dû à l'architecture, inaugure une combustion régulière et facile qui fait le bonheur des amateurs en quête de vitoles ne les mettant pas trop à contribution.

Plaisir

Alliant plaisirs sensuel et esthétique, ce module rare, délicat à réaliser, vient merveilleusement compléter la grande collection des cigares cubains.

APPRÉCIATION D'ENSEMBLE

Force : 6 – Régularité : 7 – Note de cœur : 6,5

• *Dans la même famille : le* ***Partagás Presidentes****, en plus puissant, dans la galera des tacos (158 mm, cepo 47).*

HOYO DE MONTERREY PARTICULARES SÉRIE LIMITÉE

Longueur : 235 mm
Diamètre : 18,65 mm (cepo 47)
Corps : rond
Présentation : boîte traditionnelle de 5 pièces en « plumiers »

Vue

Tel un grand armagnac délicatement sorti de son écrin, le Particulares déploie son élégance et sa beauté dans des tons *maduro* riches et gras qui soulignent encore sa prestance.

Toucher

Gras et soyeux, son corps homogène se situe dans le registre de la résistance. Ce côté solide, qui confine parfois à la dureté, ne lui ôte que très peu de souplesse.

Nez

De prime abord discret et doux, il libère rapidement plus de richesse et de puissance, pour terminer sur des arômes boisés et floraux.

Goût

Comme tous les cigares de cette envergure, il commence sur des notes douces, mates et herbacées, presque effacées. Mais, dès le premier tiers passé, apparaît un boisé plus soutenu, peu végétal mais étayé d'une pointe d'épices, qui prend de l'ampleur au fil de la dégustation.

Plaisir

Sa combustion prolongée, due notamment à sa compacité, peut fatiguer le néophyte. C'est, pourtant, un cigare étonnamment facile pour son format. Il donne toute sa mesure après dîner ou pour accompagner les longues après-midi d'hiver.

APPRÉCIATION D'ENSEMBLE

Force : 8 – Régularité : 7 – Note de cœur : 7

• *Dans la même famille : le **Sancho Panza Sanchos**, plus mat et plus léger en bouche – plus distant.*

Gran corona - Cuba -

MONTECRISTO « A »

Longueur : 235 mm
Diamètre : 18,65 mm (cepo 47)
Corps : rond
Présentation : boîte semi-nature de 25 pièces

Vue

Le « A » ou l'art du cigare : blond, brun ou brun foncé, ce magnifique especial montre toujours des capes fines dont le travail confine au chef-d'œuvre. Un joyau dans son écrin de bois verni.

Toucher

On est dans le soyeux et le moelleux, mais certes pas dans la mollesse. L'ensemble est d'une souplesse constante du pied à la tête.

Nez

Savoureux, le bouquet persiste et signe, tapissant le nez de ses arômes doux, légèrement boisés, qui lui confèrent ce mélange d'insistance discrète et de présence obstinée.

Goût

Si le départ paraît curieusement inexistant au regard du format, les différentes étapes sont ensuite très nettes, des saveurs végétales aux épices aussi puissantes qu'élégantes de la fin, en passant par des arômes corsés de bois, de miel, de cuir et de poivre. Les transitions se font toutefois en douceur, dans le soyeux de notes fondues.

Plaisir

Ce cigare mythique a parfois souffert d'une défaveur du public pour son format. Ce n'en est pas moins une institution d'après-dîner, avec laquelle on est prié de prendre son temps – même si elle a tendance à fatiguer les palais non aguerris, surtout en présence d'alcool. Le «A» fait un magnifique vintage, tout en douceur et en rondeur, conservant une pointe de boisé sur fond madérisé – caractéristique des grands vintages.

APPRÉCIATION D'ENSEMBLE

Force : 8 – Régularité : 9 – Note de cœur : 9,5

HOYO DE MONTERREY DOUBLE CORONAS

Longueur : 194 mm
Diamètre : 19,45 mm (cepo 49)
Corps : rond
Présentation : cabinet de 50 pièces,
boîte traditionnelle de 25 pièces

Vue

S'il existe une présentation en caisson avec cigares bagués de rouge et or, le fagot de 50 pièces en cabinet est une pure merveille. D'une élégance et d'une régularité exceptionnelles, la cape *gold* abrite un tabac gras et soyeux.

Toucher

L'image de la soie vient immédiatement à l'esprit quand on prend en main ce cigare généreux au velouté d'une extrême finesse. Bien conservé, il respire si bien qu'une pression légère crée l'illusion de pouvoir traverser le cigare.

Nez

Seuls les cabinets de 50 doubles coronas offrent un tel déploiement de parfums doux, ronds et soyeux à la fois, aux fragrances de pain d'épice. Si les premières flaveurs ne s'imposent guère, la deuxième vague, plus riche et plus intense, persiste dans un registre d'épices douces.

Goût

On est ici au cœur du havane. Passé un départ très discret, le divin révèle des arômes floraux et légèrement boisés ne travaillant jamais en force. Rondeur et générosité sont les deux piliers de ce temple du goût.

Plaisir

Une pièce d'architecture d'une rare pureté, dont la discrétion racée accompagne merveilleusement les plats de poisson et les grands bourgognes blancs.

APPRÉCIATION D'ENSEMBLE

Force : 7 – Régularité : 9 – Note de cœur : 9,5

PARTAGÁS LUSITANIAS

Longueur : 194 mm
Diamètre : 19,45 mm (cepo 49)
Corps : rond
Présentation : cabinet de 50 pièces,
boîte traditionnelle de 25 pièces

Vue

Quand la botte devient masse... Une masse superbe, vêtue de *gold* léger ou de brun soutenu, en passant par toute la gamme des mordorés. La perfection esthétique du pied à la tête.

Toucher

Une grande cape veloutée enveloppe de façon spectaculaire les tabacs gras et soyeux de cette « bête de scène » au corps souple et tendu à la fois.

Nez

Une superbe palette d'arômes gras, boisés et puissants, marqués de cuir généreux. Le départ se fait sur un registre végétal plutôt bref, le divin offrant une vague de notes plus épicées. Jeune, le nez est très tonique, pour s'arrondir ensuite jusqu'à montrer, à pleine maturité, une belle ampleur parfois piquée d'une pointe de cannelle.

Goût

Dans sa jeunesse, le Lusitanias a un côté percutant, libérant de puissants arômes boisés-épicés. Puis son champ gustatif s'ouvre sur des saveurs plus grasses et plus végétales, mais toujours épicées. Un superbe crescendo s'achevant en feu d'artifice.

Plaisir

Inconnu il y a trente ans, ce très beau cigare s'est imposé au fil du temps comme un *must* du format. Éclectique, il accompagne aussi bien un repas très élaboré qu'une cuisine rustique. Préférez-le d'octobre à mai, en profitant de la saison estivale pour laisser reposer le palais.

APPRÉCIATION D'ENSEMBLE

Force : 9,5 – Régularité : 9 – Note de cœur : 9,5

PUNCH DOUBLE CORONAS

Longueur : 194 mm
Diamètre : 19,45 mm (cepo 49)
Corps : rond
Présentation : cabinet de 50 pièces,
boîte traditionnelle de 25 pièces

Vue

Quand la beauté atteint à cette évidence, on est tenté par le silence. Car ce fagot superbe confine à l'art : sa puissance, sa richesse, son élégance racée donnent une extraordinaire impression de vie.

Toucher

Lourd, compact, fort et fragile à la fois, ce double corona a un toucher fin et soyeux, parfois plus gras et plus nourri, ce qui ne fait qu'ajouter à son côté viril.

Nez

Un parfum que l'on espère longtemps et qu'on voudrait ensuite éternel... Une gamme riche et complexe, dans un registre boisé et gras soutenu par des notes terreuses. Une multiplicité de paysages olfactifs qui se répondent et se complètent.

Goût

Il livre ses flaveurs et ses goûts comme une offrande, donnant leur pleine puissance dès le départ. Le registre aromatique s'ouvre sur des saveurs douces, légèrement boisées, qui vont crescendo pour finir en apothéose, relevées d'une pointe salée sur les lèvres.

Plaisir

C'est la vitole des grands moments, en solitaire ou accompagné, mais qu'on lui consacre exclusivement – après un dîner raffiné, par exemple. Attention, toutefois : sur la distance, sa puissance peut fatiguer les palais non avertis. Il fait un excellent vintage.

APPRÉCIATION D'ENSEMBLE

Force : 8,5 – Régularité : 8 – Note de cœur : 9

*• Dans la même famille : le **Saint Luis Rey Prominente**, d'une grande qualité dans la sélection des matières et la manufacture, mais très difficile à trouver.*

RAMÓN ALLONES GIGANTES

Longueur : 194 mm
Diamètre : 19,45 mm (cepo 49)
Corps : carré
Présentation : boîte traditionnelle de 25 pièces

Vue

Souvent habillé de *maduro* – les coloris clairs ne sont pas son lot –, il s'impose d'abord par sa magnifique cape grasse. La bague rouge et or souligne la belle rondeur de la tête.

Toucher

Extrêmement soyeux, ce corps est dominé par la rigueur et la tension. Il n'en conserve pas moins une certaine souplesse qui lui évite l'excès de dureté.

Nez

Jeune, il libère des parfums de cuir neuf mêlés de notes florales humides. L'absence d'arômes de tabac est largement compensée par la présence d'épices jeunes ne demandant qu'à s'épanouir. À maturité, ce noble sujet atteint des sommets de volupté, la madérisation sublimant sa gamme aromatique.

Goût

Rien dans le primaire, tout dans le secondaire : dès le foin, les arômes riches et gras s'expriment, évoluant doucement à l'entrée du divin en notes plus épicées, pour finir en apothéose sur une jungle de saveurs condensées à l'extrême.

Plaisir

S'il figure parmi les doubles coronas les plus méconnus, le Gigantes n'en est pas moins un seigneur. Objet d'une production réduite qui confine au confidentiel, il a ses fidèles de longue date, qui aiment le savourer après un dîner de qualité, où il répondra magnifiquement à l'aplomb d'un très vieil alcool de prune.

APPRÉCIATION D'ENSEMBLE

Force : 9 – Régularité : 9 – Note de cœur : 10

ROMEO Y JULIETA EXHIBICIÓN N° 2 SÉRIE LIMITÉE

Longueur : 194 mm
Diamètre : 19,45 mm (cepo 49)
Corps : carré
Présentation : boîte traditionnelle de 25 pièces

Vue

Une pièce d'architecture relevant du grand art : ce double corona vêtu d'un *maduro* qui souligne son côté élancé et viril relève indiscutablement du « barreau de chaise ». On devine ce qu'il recèle de richesse et de puissance – sans doute épuisantes pour certains.

Toucher

Très nourri, parfois à la limite de la compacité, son corps est si gras qu'on le dirait huilé pour la circonstance... Tant dans la fermeté que dans la souplesse, l'homogénéité règne, du pied à la tête.

Nez

Une fraîcheur ronde et boisée, mêlée des saveurs riches propres aux cigares très gras. Le second plan révèle un registre onctueux qui devrait faire un grand vintage.

Goût

Encore jeune (2000-2001), l'Exhibición N° 2 s'ouvre sur des notes acidulées, qui évoluent rapidement vers des arômes plus corsés, mais toujours légèrement piquants. La finale, puissante, est parfois un peu difficile. Au fil du temps, ce cigare devrait marier la rondeur de l'âge à la richesse du gras, rehaussées d'une pointe madérisée.

Plaisir

Un cigare unique, désormais pièce de collection, qui atteindra d'ici cinq à sept ans une réjouissante plénitude. Conviez-le aux meilleures tables, accompagné d'un cabernet sauvignon aux tannins présents, mais bien fondus.

APPRÉCIATION D'ENSEMBLE

Force : 9,5 – Régularité : 8,5 – Note de cœur : 9,5

VEGAS ROBAINA DON ALEJANDRO

Longueur : 194 mm
Diamètre : 19,45 mm (cepo 49)
Corps : carré
Présentation : boîte traditionnelle de 25 pièces

Vue

Dans son bel habit le plus souvent *colorado*, rehaussé d'une élégante bague brun et or, ce double corona en impose. Sa seule vue est promesse.

Toucher

Son corps souple est si gras que certaines sélections laissent une fine pellicule sur la peau. La forme carrée des cigares renforce au toucher l'impression de régularité.

Nez

Le bouquet généreux, plus végétal au pied et très cuir au corps, laisse supposer une aromatique bien corsée. Une note légèrement poussiéreuse marque la finale, d'une belle longueur.

Goût

L'astringence de sa jeunesse a détourné de lui nombre d'amateurs, rebutés par son agressivité. Mais, avec le temps, le Don Alejandro s'est arrondi, le caractère pointu laissant place à des notes grasses non dépourvues pour autant d'une tonicité qui leur sied à merveille. Au fil de la dégustation, les arômes boisés deviennent capiteux, pour finir sur de beaux tannins fondus.

Plaisir

Avec le Don Alejandro, Vegas Robaina a non seulement enrichi sa gamme, mais aussi celle des doubles coronas, qui y ont gagné en goût et en style. Dégustez-le après dîner, en saison fraîche, sur une cuisine européenne accompagnée d'une grand bourgogne pas trop doux.

APPRÉCIATION D'ENSEMBLE

Force : 9 – Régularité : 9 – Note de cœur : 9

BOLÍVAR CORONAS GIGANTES CABINET SELECTION

Longueur : 178 mm
Diamètre : 18,65 mm (cepo 47)
Corps : rond
Présentation : cabinet de 50 pièces,
boîte traditionnelle de 25 pièces

Vue

Dans la gamme des grands churchills, celui-ci s'impose par sa présentation impeccable, qui impressionne au premier coup d'œil. Vêtu de clair ou de brun plus soutenu, il a fière allure, avec sa tête ronde d'une remarquable régularité.

Toucher

Une superbe cape, très douce et très soyeuse, habille ce séducteur de poids. Moelleux et néanmoins tendu – attention aux excès d'humidité, qui pourraient l'amollir –, il affiche beaucoup de consistance dans un style très personnel.

Nez

Libérant un bouquet généreux de parfums terreux et boisés, sans excès d'épices, ce Bolívar exprime une puissance bien dans la tradition de la marque – pour peu, toutefois, qu'une maturation adéquate, lente et douce, l'ait amené à sa plénitude.

Goût

Riche et puissant dès le premier tiers passé, ce cigare très régulier, pour amateur confirmé, marque bien chaque étape de la dégustation. Particulièrement à son aise sur un repas de poisson accompagné de vin blanc gras.

Plaisir

Longtemps absent des grands marchés, ce discret séduit par sa régularité. Il fait d'ailleurs un très bon vintage.
Préférez le cabinet de 50 à la boîte traditionnelle, qui n'offre pas le même bouquet.

APPRÉCIATION D'ENSEMBLE

Force : 8 – Régularité : 7,5 – Note de cœur : 8,5

• *Dans la même famille : le* ***Sancho Panza Coronas Gigantes****, plus terreux et plus sec.*

LA GLORIA CUBANA TAÍNOS

Longueur : 178 mm
Diamètre : 18,65 mm (cepo 47)
Corps : rond
Présentation : boîte traditionnelle de 10 pièces

Vue

Dix cigares présentés comme une œuvre d'art, bagués d'or et vêtus de brun foncé soutenu : cette beauté ouvre des perspectives aromatiques qui, de fait, ne se démentiront pas.

Toucher

Gras, souple et tendu, le Taínos est parfois un peu serré au niveau de la tête, mais se révèle toujours de belle tenue. Fragile du pied comme tous les grands modules, il n'en est pas moins bien construit, solide et doté de prestance.

Nez

Discret et subtil, le nez offre des tonalités grasses de cuir ; les épices, particulièrement présentes au pied, soulignent le caractère ambré et boisé de ce parfum très classique.

Goût

Riche et puissant, le Taínos évolue dans un registre gras, rond, très large, livrant des arômes boisés, épicés, soutenus et longs en bouche. L'ensemble est étonnamment harmonieux pour ce format.

Plaisir

Ce grand cigare ne manque pas de rayonnement, particulièrement en vintage. Son défaut : sa rareté ; sa qualité : sa rareté. Destiné aux amateurs avertis, c'est un merveilleux compagnon d'après-dîner, apprécié pour sa complexité et sa régularité exemplaires. Essayez le mariage avec un grand bordeaux tannique : vous ne l'oublierez pas de sitôt.

APPRÉCIATION D'ENSEMBLE

Force : 8,5 – Régularité : 8 – Note de cœur : 8,5

• *Dans la même famille : le* ***Partagás Churchills de Luxe****, moins élégant d'aspect et plus épicé au goût.*

H. UPMANN SIR WINSTON

Longueur : 178 mm
Diamètre : 18,65 mm (cepo 47)
Corps : rond
Présentation : boîte semi-nature de 25 pièces

Vue

Jadis, le coffret vert foncé évoquait un écrin précieux abritant des émeraudes... Le bois naturel verni d'aujourd'hui n'est pas moins élégant, en harmonie avec ces churchills majestueux dont la superbe gamme chromatique s'étend du miel clair au chocolat noir, en passant par un somptueux *maduro* d'une rare intensité.

Toucher

Réalisé avec des feuilles de première qualité, ce cigare se montre à la fois rugueux et velouté sous le doigt, avant de révéler un certain soyeux.

Nez

Très boisé et vert dans sa prime jeunesse, il évolue tranquillement vers davantage de gras et d'onctuosité. Le cœur évoque un cacao bien relevé, très rond et plutôt imposant.

Goût

Tout en puissance et en élégance, ce grand churchill déploie généreusement des goûts épicés et corsés, rehaussés de notes ambrées, qui marquent durablement le palais. C'est indiscutablement un cigare de connaisseur fidèle à ce format.

Plaisir

Toujours présent aux grands rendez-vous, cet inlassable joueur de fond de court semble littéralement prendre possession de l'amateur. Si l'on peut noter, parfois, quelque imperfection minime, on l'oublie très vite, tant est haute la qualité d'ensemble.

APPRÉCIATION D'ENSEMBLE

Force : 9 – Régularité : 7,5 – Note de cœur : 8,5

• *Dans la même famille : le* ***Cohiba Esplendidos****, ou quand la classe rencontre le panache...*

PUNCH CHURCHILLS

Longueur : 178 mm
Diamètre : 18,65 mm (cepo 47)
Corps : rond
Présentation : cabinet de 50 pièces,
boîte traditionnelle de 25 pièces

Vue

Sans doute moins élégant à l'œil que le double corona de la même marque, mais plus généreux, le Punch Churchills en demi-roue est un cigare de race, avec ses têtes rondes parfaitement ajustées et ses robes le plus souvent brun foncé, parfois aussi d'un étonnant *claro*.

Toucher

Comme de coutume chez Punch, ce n'est pas le soyeux qui prédomine, mais plutôt le gras, la richesse et la texture veloutée de la cape. Plus tendu que moelleux, le corps ne manque pas pour autant de souplesse.

Nez

Très végétal dans un premier temps, le nez libère très vite des senteurs de terroir – foin mouillé, ferme un jour de pluie – qui s'accrochent et ne vous laissent pas. Au corps, les arômes de cuir humide sont déjà très présents, soulignés par une pointe d'épices légèrement poussiéreuses.

Goût

Jeune, il offre des notes terreuses tanniques et grasses, mais jamais sèches ni plates, qui évoluent au fil de la maturation vers une belle gamme boisée à la fois capiteuse et poivrée. Le vintage révèle quant à lui une rondeur où se fondent tous les registres.

Plaisir

Il va sans dire que la richesse de cette vitole la destine à l'après-dîner de bon aloi. Goûtez l'alliance avec un grand rhum, le terreux de l'un faisant magnifiquement écho au boisé de l'autre.

APPRÉCIATION D'ENSEMBLE

Force : 9,5 – Régularité : 8 – Note de cœur : 9

• *Dans la même famille : le* ***Romeo y Julieta Prince of Wales****, légèrement moins terreux, mais plus végétal.*

QUAI D'ORSAY IMPERIALES

Longueur : 178 mm
Diamètre : 18,65 mm (cepo 47)
Corps : rond
Présentation : boîte nature de 25 pièces

Vue
Dans son écrin de bois naturel, ce beau tapis de rondins mordorés – quasiment jamais *maduro* –, orné de bagues stylisées, affiche une noblesse indiscutable.

Toucher
Très velouté, gras et souple, mais bien fourni – surtout au niveau de la tête, qui révèle une légère compacité par rapport au reste du corps –, ce julieta impeccablement fait offre une bonne prise en main.

Nez
Pris au pied, le nez est floral, tendre et généreux. Au corps, il est davantage marqué de cuir sec, l'ensemble se révélant léger et aromatique. Un cigare racé, tout en charme et en délicatesse.

Goût
Si le départ est doux et sec, plutôt chocolaté, le divin montre une belle ampleur aromatique, dans des tonalités florales plus riches, nuancées de musc et d'épices, mais conservant toujours un arrière-plan sec. La combustion, facile, respecte le parfait équilibre de l'ensemble sans jamais fatiguer le palais.

Plaisir
Mis sur le banc de touche pendant de longues années, ce churchill doux et frais a fini par trouver son public parmi les amateurs de grands formats légers et aromatiques. Il se déguste très bien en été, sur un déjeuner léger de poisson.

APPRÉCIATION D'ENSEMBLE
Force : 6,5 – Régularité : 8,5 – Note de cœur : 7,5

• *Dans la même famille : le* ***Sancho Panza Coronas Gigantes****, plus végétal et moins aromatique.*

EL REY DEL MUNDO TAÍNOS

Longueur : 178 mm
Diamètre : 18,65 mm (cepo 47)
Corps : rond
Présentation : boîte nature de 25 pièces

Vue

Ce très beau churchill arbore une cape fine et soyeuse, vêtue des teintes les plus claires comme les plus foncées ; si les inconditionnels de la marque ont un faible pour le *claro*, nous penchons quant à nous pour le *maduro colorado*, qui lui sied à merveille.

Toucher

Souple et ferme à la fois, doté d'une consistance très régulière, il conserve en permanence une apparence de cigare tendre et doux, facile dans la main.

Nez

Discret de prime abord, le nez libère en premier lieu des notes boisées presque sèches, qui ouvrent sur des arômes légers de cuir jeune, frais et rond.

Goût

Bien fait, ce churchill opère une douce et lente progression aromatique. Si le départ est plutôt boisé, le divin révèle des valeurs grasses et plus posées qui inscrivent ce cigare parmi les grands.

Plaisir

Considéré comme le plus léger des julietas cubains, le Taínos de El Rey del Mundo est souvent resté dans l'ombre des vedettes du format. Il n'en a pas moins sa place dans cette belle famille, particulièrement pour accompagner un après-brunch champêtre ou dans le cadre d'une dégustation de champagne – ses arômes boisés font alors merveille avec la fraîcheur d'un extra-brut.

APPRÉCIATION D'ENSEMBLE

Force : 5 – Régularité : 7 – Note de cœur : 7

• *Dans la même famille : le* ***Hoyo de Monterrey Churchills****, dans un registre plus soutenu, mais doux.*

ROMEO Y JULIETA CHURCHILLS

Longueur : 178 mm
Diamètre : 18,65 mm (cepo 47)
Corps : carré
Présentation : boîte traditionnelle de 25 pièces
avec ou sans tube aluminium

Vue

Dans la formule traditionnelle carrée (donc sans tube), ce churchill revêt une large gamme de teintes, le maduro foncé prédominant néanmoins. Belle régularité de l'ensemble, malgré des capes assez nervurées.

Toucher

C'est l'une des manufactures les plus irrégulières : on passe du mou flasque à l'ultra-compact, avec entre les deux – heureusement – des cigares plus souples que moelleux, aux belles capes fines et grasses. Tête ronde et corps bien droit : ce churchill a alors beaucoup de prestance en main.

Nez

Après un départ très floral, on découvre des parfums plus soutenus, dans un registre animal (étable, cuir). En fond, une note poussiéreuse insistante annonce un cigare nourrissant.

Goût

Si l'on peut regretter une certaine irrégularité dans la qualité, cette vitole mythique déploie, à son meilleur, une belle palette aromatique épicée, rustique et sans rondeur, mais riche et corsée jusqu'au dernier tiers. Bon équilibre et rythme de combustion facile, malgré une finale tout en puissance.

Plaisir

Dégustez ce grand format de préférence après un dîner d'hiver, accompagné d'un vieil armagnac qui lui donnera encore plus d'ampleur.

APPRÉCIATION D'ENSEMBLE

Force : 9 – Régularité : 6 – Note de cœur : 6,5

SAINT LUIS REY CHURCHILLS

Longueur : 178 mm
Diamètre : 18,65 mm (cepo 47)
Corps : rond
Présentation : cabinet de 50 pièces,
boîte traditionnelle de 25 pièces

Vue

Toujours dans des tons mordorés, à la limite du *colorado*, ce cigare très stylé est une merveille de régularité architecturale.

Toucher

Souple et velouté, plus soyeux que gras – mais aussi très légèrement rêche –, il respire parfaitement, affichant une homogénéité idéale du pied à la tête. Très équilibré, il a une excellente présence en main.

Nez

Le bouquet se livre pleinement dès les premières notes, marquées de fragrances boisées légèrement épicées sur fond de cacao gras. Le cœur offre tout en rondeur un terreux riche et soutenu. Beaucoup de précision et de noblesse dans ce nez.

Goût

Une excellente combustion permet le déploiement d'arômes onctueux, puissants dès la fin du premier tiers, dans un registre exotique et épicé doté d'une pointe sèche.

Plaisir

En cabinet (il existe une présentation en caisson traditionnel de 25 pièces), ce très beau mélange permet une maturation à long terme ouvrant sur des saveurs boisées et mielleuses d'un grand raffinement. Un churchill qui vient délicieusement couronner, deux petites heures durant, la grande cuisine française, italienne ou asiatique.

APPRÉCIATION D'ENSEMBLE

Force : 8 – Régularité : 8 – Note de cœur : 9

• *Dans la même famille : le* ***H. Upmann Monarcas*** *(avec ou sans tube), très bien fait mais plus terreux.*

SAN CRISTÓBAL DE LA HABANA EL MORRO

Longueur : 178 mm
Diamètre : 18,65 mm (cepo 47)
Corps : carré
Présentation : boîte traditionnelle de 25 pièces

Vue

Superbes dans leurs tons *colorado*, ces cigares évoquent irrésistiblement un alignement... de bâtons de chocolat.

Toucher

Riche et gras, El Morro a un toucher très noble, avec une petite tendance à la compacité. Un cigare bien nourri.

Nez

Sous une discrétion de façade apparaît rapidement un cigare qui a du corps. Des notes de terre légèrement épicées annoncent au cœur des arômes de sous-bois humide. D'ailleurs, rien n'est sec ici, ce qui explique sans doute un démarrage plutôt lent.

Goût

Si le foin est un peu lointain et léger, le divin révèle toute la richesse d'un produit plein, rond, presque lourd. Le côté mûr, terreux et légèrement poivré ouvre la voie à un troisième tiers puissant.

Plaisir

Cette très jeune marque (1999) n'a pas eu le temps de faire l'unanimité. La découverte d'une nouvelle gamme est pourtant toujours intéressante, surtout quand la variété est de la partie. El Morro trouvera sans aucun doute sa place auprès des amateurs de goûts riches et complexes, quand une maturation bien menée aura révélé tout son potentiel. Ces vitoles sont d'ores et déjà profilées pour accompagner un grand bourgogne épanoui sur une cuisine du terroir.

APPRÉCIATION D'ENSEMBLE

Force : 7 – Régularité : 8 – Note de cœur : 8,5

MONTECRISTO CORONAS GRANDES

Longueur : 146 mm
Diamètre : 19 mm (cepo 48)
Corps : rond
Présentation : boîte traditionnelle de 25 pièces sous cellophane à l'unité

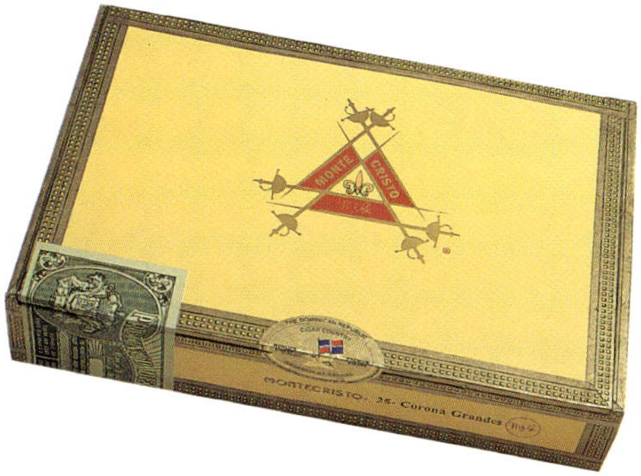

Vue

Très beau cigare vêtu de jaune doré à brun clair, que sa bague brun foncé différencie des Montecristo manufacturés à Cuba. La parfaite rondeur du corps trouve son prolongement dans celle de la tête, l'ensemble montrant beaucoup de classe.

Toucher

Souple et tendu à la fois, ce cigare d'une extrême régularité offre une excellente tenue en main.

Nez

Végétal-boisé au pied, cuir humide au corps : ces parfums courts en nez sont portés par un petit vent poussiéreux typique de ce style de mélange.

Goût

Une fraîcheur étonnante, suivie d'une grande douceur. Les notes grasses sont quasi inexistantes, remplacées par des arômes boisés bien ronds. Attention, toutefois : un tirage trop rapide peut provoquer un échauffement désagréable.

Plaisir

Parfait pour initier un débutant à ce format, le Coronas Grandes ouvre savoureusement les papilles à l'apéritif, sans fatiguer le palais avant de passer à table – pour peu qu'on lui laisse le temps de sa combustion, sur un rythme lent. Attention, on le trouve uniquement aux États-Unis et en République dominicaine.

APPRÉCIATION D'ENSEMBLE

Force : 6,5 – Régularité : 9 – Note de cœur : 8,5

COHIBA SIGLO IV

Longueur : 143 mm
Diamètre : 18,26 mm (cepo 46)
Corps : rond
Présentation : cabinet verni de 25 pièces

Vue

La générosité de la botte et la majesté de la construction : évoluant le plus souvent du *gold* au *maduro* foncé, avec quelques détours du côté du *claro* ou du *colorado* flamboyant, le Siglo IV a l'élégance soyeuse d'un gran corona exceptionnellement équilibré.

Toucher

Velouté et gras, ce cigare très dense a une belle présence en main. Il ne doit pas être trop serré, sous peine de devenir inconsommable.

Nez

Regorgeant d'épices et de boisé au niveau de la tête et du corps, le bouquet se fait plus végétal au pied, mais toujours avec la même intensité.

Goût

Riche et puissant, le Siglo IV ne dénote pas dans la gamme Cohiba. Ses arômes corsés d'épices grasses et rondes se prolongent jusqu'au dernier tiers, d'une générosité extraordinaire. Long en bouche, onctueux, il tapisse durablement le palais.

Plaisir

Si la compétition est vive en matière de corona gorda, celui-ci se situe dans le peloton de tête. Il présente en outre l'avantage de ne ressembler à aucun autre. Parfaitement à l'aise avec un bel armagnac, par exemple, c'est un module d'après-dîner, pour amateur averti supportant la puissance et la concentration de son dernier tiers. Il peut faire un grand vintage.

APPRÉCIATION D'ENSEMBLE

Force : 8 – Régularité : 8,5 – Note de cœur : 9

• *Dans la même famille :* ***Bolívar Coronas Extra****, moins élégant mais puissant.*

HOYO DE MONTERREY ÉPICURE N° 1

Longueur : 143 mm
Diamètre : 18,26 mm (cepo 46)
Corps : rond
Présentation : cabinet de 50 pièces ou de 25 pièces

Vue

S'il existe une présentation en cabinet de 25 pièces, la demi-roue est incomparable : la beauté du fagot parle d'elle-même, dans des tons variant du *gold* au *maduro*, avec çà et là une incursion dans les verts légers.

Toucher

L'équilibre parfait entre le diamètre et la taille souligne la rondeur soyeuse, très sensible au toucher. Ce grand module ne manque pas de prestance.

Nez

L'Épicure N° 1 est très parfumé, dans un registre floral soutenu et gras, parfois marqué d'une légère pointe sèche et poussiéreuse typique des cigares floraux. La deuxième vague est plus profonde, avec des notes cacaotées.

Goût

Dans la grande tradition de la marque, les premières volutes, très végétales, s'envolent en douceur. Ce n'est qu'une fois le divin bien entamé que l'on goûte davantage de richesse, les saveurs grasses se mêlant alors aux arômes boisés. Le dernier tiers est un peu plus concentré.

Plaisir

Parallèlement au N° 2 (robusto), qui a depuis longtemps conquis le monde, l'Épicure N° 1 mérite lui aussi les honneurs. Il est parfait sur un repas d'été léger, accompagné d'un blanc fruité ou d'un rouge peu tannique. C'est également un agréable cigare d'après-déjeuner, qui ne fatigue pas.

APPRÉCIATION D'ENSEMBLE

Force : 6 – Régularité : 9 – Note de cœur : 8,5

• *Dans la même famille : le* ***Punch-Punch de Luxe****, d'une égale légèreté, mais plus herbacé et plus terreux.*

H. UPMANN MAGNUM 46

Longueur : 143 mm
Diamètre : 18,26 mm (cepo 46)
Corps : rond
Présentation : cabinet de 25 pièces

Vue

La botte de gran coronas dans toute sa splendeur : une manufacture superbe, dans une gamme chromatique très riche allant du *claro* au *colorado.*

Toucher

Compact, mais très souple, le Magnum 46 est un cigare de poids, comme en témoigne la prise en main du fagot. Très gras, soyeux sans être velouté, il exsude parfois un peu d'huile, laissant une trace sur le papier paraffiné.

Nez

Ce grand seigneur doté d'une indéniable animalité exhale des senteurs boisées délicatement épicées, qui ouvrent sur un cœur cacaoté aux notes profondes de cuir légèrement tanné. Un bouquet d'une infinie séduction.

Goût

Si le départ est doux, la gamme monte très vite sur des épices boisées marquées d'une pointe d'exotisme, jusqu'à la finale, onctueuse et ronde, presque capiteuse. Un H. Upmann atypique.

Plaisir

Le charme de ce très beau cigare tient avant tout à son homogénéité et à sa constance, qui ne sont pas un mince exploit pour une production aussi réduite. C'est précisément cette rareté, d'ailleurs, qui assura une partie de son succès auprès d'un nombre restreint d'amateurs – outre une gamme aromatique très séductrice pour les puristes du format. À déguster après un beau dîner de poisson ou de viande blanche.

APPRÉCIATION D'ENSEMBLE

Force : 7 – Régularité : 9 – Note de cœur : 9,5

• *Dans la même famille : le* ***H. Upmann Super Coronas****, fabriqué en série très limitée, d'une grande régularité dans la (haute) qualité.*

JUAN LÓPEZ SELECCIÓN N° 1

Longueur : 143 mm
Diamètre : 18,26 mm (cepo 46)
Corps : rond
Présentation : cabinet de 25 pièces

Vue

La botte de Juan López N° 1 dégage une impression de pureté et de rigueur dans son habit de *claro* ou de *colorado claro* – exceptionnellement de *maduro* – très homogène, dépourvu de bague et d'ornement. Les têtes, rondes, sont superbes de régularité.

Toucher

Plus soyeux que gras, il a une excellente tenue, marquée par la souplesse et une respiration régulière. La tête et le pied ronds sont légèrement fermes, sans compacité. Un toucher net et franc, qui est à la main ce que le bouquet est au nez.

Nez

Dès le foin, les parfums sont directs, riches et ronds, marqués de cacao. En s'intensifiant, ils évolueront vers des notes boisées sur fond de cuir. Une véritable explosion aromatique.

Goût

Les premières volutes déploient déjà des goûts généreux, mêlant le terreux au végétal. Le troisième tiers révèle des notes boisées rehaussées d'une pointe d'épices humides.

Plaisir

Comptant au nombre des joyaux de la tribu corona gorda, ce superbe cigare de dégustation a de plus la courtoisie de ne pas fatiguer, grâce à une combustion étonnamment facile pour le format. Il accompagne à merveille la cuisine exotique.

APPRÉCIATION D'ENSEMBLE

Force : 7,5 – Régularité : 8,5 – Note de cœur : 9

PUNCH ROYAL SELECTION N° 11

Longueur : 143 mm
Diamètre : 18,26 mm (cepo 46)
Corps : rond
Présentation : cabinet de 25 pièces

Vue

Sa présentation en botte met en valeur la belle construction de ce cigare jeune, élégant, dont les teintes varient du *claro* très pâle au brun foncé, riche et généreux – sans parler des verts légers.

Toucher

Belle présence en main pour ce gran corona souple et dense à la fois, dont la cape est douce et fine sous le doigt. Un cigare remarquable d'équilibre, d'une rondeur parfaite.

Nez

On sort un peu de la tradition Punch avec ce bouquet très floral, légèrement gras, conservant néanmoins un côté végétal mûr rehaussé d'une pointe terreuse.

Goût

Dès l'entrée en matière s'impose un registre aromatique floral rond, mielleux, jovial, dépourvu de notes épicées, évoluant au fil de la dégustation de manière originale vers des notes terreuses fraîches équilibrant la richesse de l'ensemble.

Plaisir

Indéniablement un grand havane, dont la complexité gustative fait merveilleusement écho à la simplicité architecturale. Il a d'ailleurs ses fidèles de longue date, heureux de le retrouver après une longue absence.

Dégustez-le sur un loup de mer grillé, accompagné d'un beau vin blanc fruité, un jour d'été sur une terrasse... Vous ne l'oublierez plus.

APPRÉCIATION D'ENSEMBLE

Force : 7 – Régularité : 9 – Note de cœur : 9,5

PUNCH BLACK PRINCE

Longueur : 143 mm
Diamètre : 18,26 mm (cepo 46)
Corps : carré
Présentation : boîte traditionnelle de 25 pièces

Vue

Le Prince noir est de fait plutôt foncé de teint, dans des tons bruns nuancés de rouge feu. Corps carré, tête ronde, bague imposante, il affiche une certaine virilité.

Toucher

Plutôt rêche, mais laissant sur le doigt ce fin résidu graisseux qui signe souvent la qualité, le grand rival du Punch-Punch allie souplesse et fermeté, montrant en main, grâce à son excellent rapport taille/diamètre, une belle assurance.

Nez

Tout à fait dans la tradition de la marque, le départ se fait sur des arômes terreux légèrement poussiéreux, pour évoluer ensuite vers les notes de cuir et d'épices.

Goût

Capiteux, ce grand corona révèle sa richesse dès le premier tiers, qui mêle les tonalités épicées à un fond boisé sec soulignant le caractère corsé de l'ensemble. Soutenu et nourrissant, le goût persiste longtemps en bouche.

Plaisir

Le parfait complément d'un repas de chasse, dont il accompagnerait les rustiques saveurs de ses arômes corsés. Également très à son aise avec une cuisine exotique richement épicée. Quoi qu'il en soit, un cigare de connaisseur.

APPRÉCIATION D'ENSEMBLE

Force : 9 – Régularité : 9 – Note de cœur : 8,5

• *Dans la même famille : le* ***Romeo y Julieta Exhibición N° 3****, plus végétal et moins puissant.*

PUNCH SUPER SELECTION N° 2

Longueur : 143 mm
Diamètre : 18,26 mm (cepo 46)
Corps : rond
Présentation : cabinet de 50 pièces

Vue

Souvent vêtu de *colorado claro*, parfois de *maduro*, ce cigare est une petite merveille. La présentation en fagot sublime encore sa beauté, dans l'incomparable écrin des cabinets de 50 pièces. Redoutez les sujets tendant au vert mat, qui ne sont pas la hauteur.

Toucher

Une cape de velours d'une extrême douceur enveloppe un corps souple et tendre, d'un moelleux parfait. Une présence en main harmonieuse, due à l'équilibre taille/diamètre.

Nez

Un bonheur de sous-bois un jour d'été après la pluie... Riche, rond, presque enivrant, le bouquet révèle des arômes terreux, humides et gras, dont la présentation en cabinet favorise le déploiement.

Goût

Dès le début se manifestent une certaine complexité aromatique et une belle longueur en bouche. Le démarrage assez lent souligne la rondeur et la régularité de cette vitole, dont le divin amorce un crescendo se terminant au purin en apothéose capiteuse. L'ensemble peut fatiguer les palais non aguerris.

Plaisir

Accompagné d'un grand arabica, cet aristocrate couronne de son élégance un repas raffiné, exotique ou continental. Son registre soutenu le réserve néanmoins aux amateurs avertis.

APPRÉCIATION D'ENSEMBLE

Force : 8 – Régularité : 8,5 – Note de cœur : 8,5

RAFAEL GONZÁLEZ CORONAS EXTRA

Longueur : 143 mm
Diamètre : 18,26 mm (cepo 46)
Corps : carré
Présentation : boîte traditionnelle de 25 pièces

Vue

Superbe de régularité, ce cigare racé promène ses capes entre *claro* et *colorado*. Jamais vraiment gras, il affiche un soyeux élégant et très homogène, non dénué d'austérité.

Toucher

Rigueur et maintien : tels sont, sans doute, les maîtres mots du Coronas Extra, parfait du pied à la tête, tant en souplesse qu'en densité.

Nez

Très aromatique, le nez évoque le Montecristo des années 1960 : une richesse parfumée que souligne un cœur boisé enrobé de notes florales. Enchanteur.

Goût

Homogène et généreux, gagnant en richesse et en personnalité au fil de la combustion, il évolue en fraîcheur sur des notes boisées, rondes et généreuses. À aucun moment il ne chauffe ou n'agresse le palais, demeurant confortable de bout en bout.

Plaisir

Comptant nombre de fidèles parmi les amateurs de havanes traditionnels, ce Rafael González mériterait plus grande renommée. Sans doute sa fabrication réduite explique-t-elle cette quasi-confidentialité. Il n'en demeure pas moins que c'est un excellent cigare d'après-dîner et de réception, où son côté accessible le fera apprécier d'un vaste public.

APPRÉCIATION D'ENSEMBLE

Force : 7 – Régularité : 8 – Note de cœur : 9

SAINT LUIS REY SÉRIE A

Longueur : 143 mm
Diamètre : 18,26 mm (cepo 46)
Corps : rond
Présentation : cabinet de 50 pièces,
boîte traditionnelle de 25 pièces

Vue

Une demi-roue parfaite du pied à la tête, d'une rondeur exemplaire, qui revêt une gamme de teintes allant du *claro* au *maduro* soutenu, en passant par tous les tons de vert.

Toucher

Sous le doigt, une cape au léger velouté abrite un corps étonnamment compact. Fait singulier : cette compacité ne se retrouve pas dans la présentation en boîte traditionnelle. Ce qui atteste, si besoin était, combien il est difficile d'assurer la régularité d'un produit artisanal.

Nez

Un premier registre cacao très séducteur ouvre sur des senteurs plus florales, qui, sur des vitoles jeunes, tirent vers les notes de fermentation. Le corps libère des parfums plus boisés, secs, qui révèlent rapidement un caractère poussiéreux.

Goût

Nourrissant, riche, rond et gras, mais sans jamais tomber dans l'excès de puissance, c'est un cigare au goût bien travaillé. Si le départ est un peu léger, le divin exprime une aromatique plus ronde et plus riche, marquée d'épices. La finale est pleine et ample.

Plaisir

Ce très beau corona gorda bien dans l'air du temps (beaucoup de goût et de présence, mais aucune agressivité) constitue un excellent cigare d'après-déjeuner ou d'après-dîner, où sa longueur en bouche sera appréciée.

APPRÉCIATION D'ENSEMBLE

Force : 7,5 – Régularité : 8 – Note de cœur : 8,5

SAN CRISTÓBAL DE LA HABANA LA FUERZA

Longueur : 143 mm
Diamètre : 18,26 mm (cepo 46)
Corps : carré
Présentation : boîte traditionnelle de 25 pièces

Vue

Ce gran corona aux allures de double corona (moins le dernier tiers) est majestueux. Légèrement plus joufflu que la plupart de ses homologues, il s'habille généralement de *colorado* – jamais de *maduro*.

Toucher

Ferme et gras, parfois à la limite de l'excès de serrage, il n'est, malgré son diamètre légèrement supérieur à la norme, ni facile ni rapide à déguster. Toutefois, sa construction régulière, son toucher soyeux et son côté généreux lui donnent beaucoup de présence en main.

Nez

Proche en cela d'El Morro, La Fuerza offre un premier tiers d'une grande discrétion. Ce n'est que plus tard qu'il développe des arômes plus boisés, d'une rondeur très séduisante – même si l'on reste loin du churchill.

Goût

Très intéressant quand il n'est pas trop serré, ce cigare frais et herbacé au départ gagne peu à peu en subtilité, sur des notes grasses, boisées et typées. La finale, très riche en goût, révèle une longueur qui fera oublier ce démarrage un peu lent.

Plaisir

Cette superbe réalisation nouvellement arrivée mérite assurément qu'on lui accorde du temps pour s'affirmer. Il sera passionnant, d'ici quelques années, d'analyser ce qu'une maturation bien menée aura pu lui apporter.

APPRÉCIATION D'ENSEMBLE

Force : 7 – Régularité : 8,5 – Note de cœur : 9

H. UPMANN CONNOISSEUR N° 1

Longueur : 127 mm
Diamètre : 19,05 mm (cepo 48)
Corps : rond
Présentation : cabinet de 25 pièces

Vue

Présenté en fagot de 25 pièces tendant vers le *colorado claro*, ce robusto parfaitement architecturé et d'une grande homogénéité a quelque peu bousculé la suprématie du Hoyo de Monterrey Épicure N° 2.

Toucher

La cape veloutée et légèrement soyeuse abrite un corps tendu, mais souple et peu serré, parfois même à la limite de la mollesse. Ce n'en est pas moins un bijou de réalisation.

Nez

Un bouquet de printemps, très floral et jamais puissant. Le gras généreux du cœur évoque le bouillon de bœuf, parfois rehaussé d'une pointe de jeune cuir qui a tendance à le raffermir. Très présent, mais ni pesant ni enivrant, c'est un nez vraiment charmeur.

Goût

Tout en légèreté – qui n'a rien à voir avec la fadeur –, le Connoisseur N° 1 déploie une gamme aromatique riche et grasse aux notes boisées légèrement nuancées d'exotisme. Si l'entrée en matière est assez fraîche, la suite se révèle plus fruitée. L'ensemble, très bien construit, ne s'alourdit pas au fil du temps.

Plaisir

Accessible, agréable, facile, ce délicieux cigare de compagnie trop longtemps ignoré peut être dégusté à tout moment de la journée. Une bonne maturation lui suffit, le caractère de vintage ne lui ajoutant rien.

APPRÉCIATION D'ENSEMBLE

Force : 6– Régularité : 9 – Note de cœur : 8,5

• *Dans la même famille : le* ***Hoyo de Monterrey Épicure N° 2****, son concurrent direct et... parfaitement complémentaire.*

EL REY DEL MUNDO
CABINET SELECCIÓN CHOIX SUPRÊME

Longueur : 127 mm
Diamètre : 19,05 mm (cepo 48)
Corps : rond
Présentation : cabinet de 50 pièces,
boîte traditionnelle de 25 pièces

Vue

Ces robustos très clairs, d'un blond presque mat, évoquent le Romeo y Julieta Exhibición N° 4 ou le Saint Luis Rey Regios.

Toucher

Soyeux et velouté à la fois, c'est le seul cigare de ce format à présenter une telle alliance de consistance, de souplesse et de moelleux.

Nez

Le bouquet floral libère une fraîcheur douce que peu de cigares légers offrent. Aucune présence d'épices ni de notes agressives.

Goût

Une combustion généreuse amplifie le déploiement de notes fraîches et crémeuses rehaussées d'une pointe salée sur le bord des lèvres. La progression aromatique très régulière, sans le moindre à-coup, évite toute fatigue. Pas de doute, c'est un charmeur.

Plaisir

Apparu il y a plus de quarante ans, le Choix Suprême a mis longtemps à s'imposer. Il est aujourd'hui reconnu comme un excellent cigare d'épicurien débutant. L'amateur averti l'appréciera quant à lui le matin, après le petit-déjeuner, ou en second cigare du soir, quand les papilles commencent à fatiguer.

Notez enfin qu'il est plus complexe en cabinet de 50 qu'en caisson de 25, et qu'il n'exige pas une longue maturation.

APPRÉCIATION D'ENSEMBLE

Force : 6 – Régularité : 8 – Note de cœur : 8,5

ROMEO Y JULIETA EXHIBICIÓN N°4 CABINET SELECCIÓN

Longueur : 127 mm
Diamètre : 19,05 mm (cepo 48)
Corps : rond
Présentation : cabinet de 50 pièces,
boîte traditionnelle de 25 pièces

Vue

Cette botte vêtue de *gold*, des jaunes les plus pâles aux dorés les plus soutenus, est une merveille de régularité : tête et pied parfaitement ronds, corps à peine ventru, les reliefs sont doux.

Toucher

Le corps est souvent presque plus mou que souple, ce qui donne à ce « petit joufflu » une grande respiration, mais peut étonner l'amateur habitué à davantage de rigidité. Belle tenue en main.

Nez

Très floral, rond et frais, le bouquet n'exprime guère de différence entre le corps et le pied, la tête révélant quant à elle une très subtile présence de bois vert. Un côté généreux et jeune bien dans l'air du temps.

Goût

Belle ampleur aromatique dès les premières bouffées, marquées d'une grande fraîcheur : boisé léger très parfumé pour le premier tiers, notes terreuses et grillées par la suite. Même à pleine puissance, il conserve sa fraîcheur, mais gagne progressivement en rondeur. La finale est superbe de générosité.

Plaisir

Un cigare qui séduit aussi par sa spontanéité, son accessibilité. Dégustez-le après un déjeuner léger d'été ou avec le moelleux au chocolat du goûter en montagne. Et laissez son charme agir...

APPRÉCIATION D'ENSEMBLE

Force : 6,5 – Régularité : 7,5 – Note de cœur : 8,5

• *Dans la même famille : le* ***Vegas Robaina Famosos,*** *également goûteux et très équilibré.*

SAINT LUIS REY REGIOS

Longueur : 127 mm
Diamètre : 19,05 mm (cepo 48)
Corps : rond
Présentation : cabinet de 50 pièces,
boîte traditionnelle de 25 pièces

Vue

Esthétique superbe, tout en rondeur, sublimée par la présentation en demi-roue. Vêtu de *claro* ou de *colorado*, le Regios est un très beau cigare.

Toucher

La texture est plus soyeuse que huileuse, légèrement grasse. Le corps, souple et tendu à la fois, est très généreux au toucher. Comme tous les cigares un peu ventrus, celui-ci offre une tenue en main parfaite.

Nez

Dans un premier temps floral, le bouquet évolue vers les épices douces, très rondes, avec une pointe verte qui ajoute une note végétale.

Goût

Si la combustion est facile, la vitole n'en est pas pour autant généreuse : il faut la travailler avant d'obtenir la plénitude du goût. Les notes légèrement astringentes du départ se dissipent rapidement pour céder le pas à des arômes plus boisés et plus ronds, qui s'expriment jusqu'au bout avec une grande fraîcheur.

Plaisir

Un robusto qui a profité de la vogue du format, dans les années 1980, pour prendre sa place aux côtés du Romeo y Julieta Exhibición N° 4 ou du H. Upmann Connoisseur N° 1. Savourez-le après un déjeuner offrant une plage de dégustation d'environ une heure.

APPRÉCIATION D'ENSEMBLE

Force : 7,5 – Régularité : 7 – Note de cœur : 8

ARTURO FUENTE FUENTE OPUS X PERFEXCIÓN ROBUSTOS

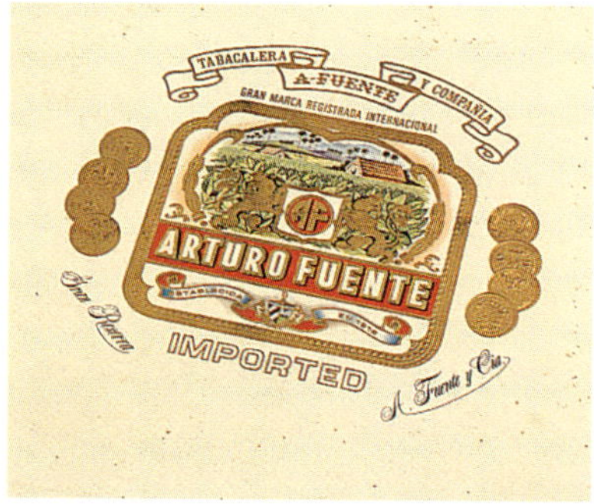

Longueur : 130 mm
Diamètre : 19 mm (cepo 48)
Corps : rond
Présentation : boîte semi-nature de 25 pièces

Vue

Ce beau robusto vêtu de *maduro* est régulier et homogène : tête ronde, corps rond et pied rond, dans une texture légèrement brillante.

Toucher

Souple et tendu à la fois, le corps ne montre aucune compacité. Son toucher légèrement gras atteste la richesse du cigare. Son côté ventru offre une excellente tenue en main.

Nez

Riche et poivré, le bouquet est dense et concentré, dans un registre d'épices ambrées. Belle longueur en nez.

Goût

Riche et imposant, le goût s'exprime dans un premier temps avec un peu de sécheresse en bouche. La rondeur n'apparaît qu'au divin, avec le gras, dans un registre boisé sec et terreux, marqué d'une pointe animale. La puissance de la finale, ronde et capiteuse, est amplifiée par une excellente combustion.

Plaisir

Vous l'apprécierez après un dîner riche, où l'accord avec un vin gras est remarquable. Pour amateurs de goûts prononcés et de vitoles un peu « nerveuses ».

APPRÉCIATION D'ENSEMBLE

Force : 8 – Régularité : 9 – Note de cœur : 8,5

FLOR DE COPÁN ROTHSCHILD 50 x 5

Longueur : 125 mm
Diamètre : 19 mm (cepo 48)
Corps : rond
Présentation : boîte traditionnelle de 20 pièces
sous enveloppe de cèdre à l'unité

Vue

Sous la feuille de cèdre « habillée » se dévoile un robusto réalisé dans les règles de l'art. L'harmonie des tons *colorado claro* accentue sa parfaite homogénéité : tout en rondeur, il a un côté bonhomme, qu'accuse encore la large bague moderne rouge, blanc, noir et or.

Toucher

Souple et moelleux du pied à la tête, sans gras mais révélant un très léger soyeux (à peine perceptible), il attire la main. Dénué de compacité, il annonce une excellente combustion.

Nez

Le bouquet, court en nez, ne montre aucune puissance, mais une grande fraîcheur et un boisé prononcé. Les arômes de corps sont plus séduisants : très doux, presque sucrés, ils évoluent vers le floral piqué d'une pointe de sous-bois.

Goût

La fraîcheur boisée s'impose dès les premières bouffées, pour se prolonger en douceur, sans jamais attaquer le palais, jusqu'au dernier tiers. Il n'y a pas d'évolution marquée du goût, qui reste court en bouche.

Plaisir

Cette belle réalisation s'adresse tant à un amateur de goûts capiteux tenté par un cigare plus facile qu'à un débutant voulant faire ses armes dans le format. À tous, nous conseillons de le déguster sur un déjeuner d'été.

APPRÉCIATION D'ENSEMBLE

Force : 6 – Régularité : 9 – Note de cœur : 8,5

• *Dans la même famille : le* ***Flor de Selva Robustos****, proche par la manufacture, également réalisée au Honduras, mais différent de style et de goût.*

VEGA FINA ROBUSTOS

Longueur : 125 mm
Diamètre : 19 mm (cepo 48)
Corps : rond
Présentation : boîte traditionnelle de 25 pièces

Vue

Vêtu de *colorado* légèrement soyeux, ce robusto très régulier montre un équilibre parfait. Sobre bague blanc et or marquée aux initiales VF.

Toucher

Souple de l'extérieur, craquant de l'intérieur, c'est un cigare homogène et bien proportionné, dont la rondeur de la tête fait écho à celle du corps. Agréable tenue en main.

Nez

Doux, aromatique et frais, le parfum légèrement boisé et vert est un peu court en nez.

Goût

Comme tout cigare de structure légère à dominante douce, ce robusto offre dans son premier tiers un agréable compromis entre goût et suavité. Ce n'est qu'au divin que se déploie la gamme des arômes boisés, qui demeurent courts en bouche.

Plaisir

Ce Vega Fina a encore enrichi la palette des goûts de la grande famille Robustos. Accessible, offrant au palais une évolution lente et régulière qui n'en assure que mieux la richesse de la finale, il est parfait comme second cigare de soirée, car il ne surcharge pas les papilles, ou en journée, dans un cadre de travail : ses arômes frais et légèrement secs n'affecteront pas l'entourage.

APPRÉCIATION D'ENSEMBLE

Force : 6 – Régularité : 8,5 – Note de cœur : 7,5

BOLÍVAR ROYAL CORONAS

Longueur : 124 mm
Diamètre : 19,84 mm (cepo 50)
Corps : carré
Présentation : boîte traditionnelle de 25 pièces

Vue

Ce « petit joufflu carré » a le mérite d'être immédiatement reconnaissable, avec ses angles vifs et sa bague début XIXe siècle. Très régulier dans sa présentation, il revêt généralement de chaudes teintes *colorado*.

Toucher

Moyennement charnu et légèrement rugueux, il laisse dans le creux de la main la fine pellicule grasse propre aux cigares riches et bien faits.

Nez

Un Bolívar atypique, le plus doux et le plus rond au nez. Les parfums du corps, peu soutenus, sont marqués de cuir ; ceux du pied sont plus frais et plus herbacés. Ils se dissipent assez vite.

Goût

Charnu, présent sans être pesant, le goût est amplifié par une combustion facile et rapide. Le départ, très boisé, cède bientôt le pas à des notes épicées subtiles et savoureuses. L'ensemble est très équilibré.

Plaisir

Parfait compagnon d'un déjeuner léger ou d'un moment de détente, le Royal Coronas séduit particulièrement les amateurs redoutant l'excès de puissance. Sa finale un peu sèche vous fera consommer plus d'eau qu'à l'accoutumée.

APPRÉCIATION D'ENSEMBLE

Force : 7 – Régularité : 6,5 – Note de cœur : 8

COHIBA ROBUSTOS

Longueur : 124 mm
Diamètre : 19,84 mm (cepo 50)
Corps : rond
Présentation : cabinet verni de 25 pièces

Vue

Composé de tabacs dorés ou terre de feu, ce robusto reconnaissable entre mille fait toujours grande impression. Sa bague Art déco et son côté ventru soulignent son charme, qui n'est pas mince.

Toucher

Prise en main, la botte séduit par ses capes grasses et riches et par son volume, qui lui confère beaucoup de présence. Sa souplesse est si remarquable qu'elle confine à l'élégance, dans un format qui ne l'a jamais cultivée.

Nez

Un bouquet très personnel, généreux et aromatique, riche d'épices et de miel. Les notes de cuir, particulièrement sensibles à la tête et au pied, sont appuyées par un gras soyeux.

Goût

Riche et plein dès le début, le goût marie épices et boisé avec infiniment d'élégance. Des notes ambrées, fruitées, mielleuses s'affirment encore au troisième tiers, juqu'à faire tourner la tête. Une alchimie d'une rare séduction.

Plaisir

Si on lui a souvent fait reproche de son prix, il faut bien avouer que cette magnifique réalisation touche aujourd'hui au mythe. Réservez à ce séducteur de caractère les après-dîners généreux, en compagnie de beaux vins ayant beaucoup de corps et de mâche.

APPRÉCIATION D'ENSEMBLE

Force : 8 – Régularité : 8,5 – Note de cœur : 8

JUAN LÓPEZ SELECCIÓN N° 2

Longueur : 124 mm
Diamètre : 19,84 mm (cepo 50)
Corps : rond
Présentation : cabinet de 25 pièces

Vue

Bien enveloppé, gras et soyeux à la fois, il a le charme jovial des « gros cigares ». S'il existe en *claro* et en *maduro*, ce sont les nuances rouges du *colorado* qui lui siéent le mieux.

Toucher

Ce robusto parfait a tout pour plaire : bonne tenue en main, gras et moelleux – un petit peu de mou lui va même très bien.

Nez

Riche et soutenu dès le départ, le bouquet pourrait annoncer un cigare très puissant, ce qui n'est pas le cas. De vifs arômes de chocolat le caractérisent dans sa jeunesse, pour s'arrondir ensuite sur des notes mûres, très raffinées, de cuir et de poivre.

Goût

Une combustion facile décuple les arômes à une vitesse impressionnante. Si l'amorce se fait sur des notes végétales prononcées, on passe très vite à un registre mi-terreux, mi-boisé, dénué de toute agressivité. Attention au tirage trop rapide : le point de chauffe serait très désagréable.

Plaisir

Un havane de passion : une variété aromatique de cette ampleur dans un tel laps de temps reste un miracle de technicité. On en regretterait presque qu'il ne dure pas davantage... Vitole d'après-repas, le Selección N° 2 trouve également sa place dans la journée, où sa rondeur généreuse fait merveille.

APPRÉCIATION D'ENSEMBLE

Force : 7 – Régularité : 7,5 – Note de cœur : 9

MONTECRISTO ROBUSTOS LIMITED EDITION

Longueur : 124 mm
Diamètre : 19,84 mm (cepo 50)
Corps : carré
Présentation : boîte traditionnelle de 25 pièces

Vue

Orné de deux bagues – la Montecristo traditionnelle et celle de la série limitée –, ce robusto se présente de fort belle manière dans un superbe *maduro* foncé qui est vite devenu son signe distinctif.

Toucher

Comme tous les tabacs de cette teinte, la matière première du Robusto Limited Edition laisse sur la main une sensation de gras riche. C'est cette richesse même qui explique les nervures plus apparentes que de coutume des capes.

Nez

Puissant, mais court, il développe des notes végétales et épicées, sur un fond de pain d'épice dû à son jeune âge.

Goût

Si l'on met de côté les petits problèmes de combustion que l'on rencontre parfois, ce Montecristo séduit par son goût dynamique, tout à fait atypique de la marque. Dépourvu de tannins, il a trouvé sa voie sur la route des épices, qui ouvre dès le premier tiers une gamme aromatique riche et corsée.

Plaisir

Créée en 1999, cette série limitée n'est plus fabriquée depuis 2001. Parfaite incarnation des goûts de l'époque, elle se déguste bien après un repas copieux et corsé, accompagné de vins gras et riches. Elle fera assurément un grand vintage.

APPRÉCIATION D'ENSEMBLE

Force : 9,5 – Régularité : 8,5 – Note de cœur : 9

PARTAGÁS SÉRIE D N° 4

Longueur : 124 mm
Diamètre : 19,84 mm (cepo 50)
Corps : rond
Présentation : boîte nature de 25 pièces

Vue

Petit, racé, rond et nerveux, ce robusto ventru s'habille généralement d'un superbe *maduro* mis en valeur par la richesse en gras de la matière.

Toucher

Plus moelleux que souple, il est aussi soyeux, moins serré au pied que sur le corps.

Nez

La foire aux épices... Le nez libère dès le départ, avec une énergie qui confine à la brutalité pour les néophytes, des notes rondes et grasses sur fond légèrement boisé, le tout rehaussé de cuir et de poivre vert.

Goût

Une combustion de rêve permet de pleinement goûter l'abondance des arômes, évoluant des épices fraîches aux épices grasses, de la terre au cuir et au sous-bois. Si le rythme est élevé, on ne sombre jamais dans l'excès de chaleur. L'ensemble tapisse le palais, au risque de rassasier un peu vite l'amateur non averti, qu'une telle intensité fatiguera sans doute.

Plaisir

Après quelques années de purgatoire dues à son format mal compris et à sa complexité très inhabituelle, le D-4 a récemment acquis ses lettres de noblesse. Et ce n'est que justice pour ce magnifique cigare dont la richesse, la constance, le côté dense et capiteux sont réellement exceptionnels. Il fera de vos après-dîners des moments inoubliables.

APPRÉCIATION D'ENSEMBLE

Force : 9 – Régularité : 9,5 – Note de cœur : 10

• *Dans la même famille : le* ***Montecristo Millennium 2000****, très aromatique et surperbement manufacturé, aujourd'hui considéré comme un cigare de collectionneur.*

RAMÓN ALLONES SPECIALLY SELECTED

Longueur : 124 mm
Diamètre : 19,84 mm (cepo 50)
Corps : carré
Présentation : boîte traditionnelle de 25 pièces

Vue

Peau tannée, ventre plat, angles légèrement arrondis, ce robusto affiche une belle détermination. S'il peut revêtir une gamme de teintes assez vaste, celles qui lui siéent le mieux se situent dans les rouges et les bruns foncés, toujours soulignés d'un certain brillant.

Toucher

Le corps ferme de ce cigare bonhomme et jovial offre quelque résistance, sans pour autant se montrer excessivement dur. Il est plus gras au toucher que son cousin le D-4 de Partagás.

Nez

Long en nez, le Specially Selected fait souffler un vent d'épices sur fond de cacao et de caramel. Le cœur, très mielleux, ne demande qu'une maturation bien menée pour révéler des notes de cuir travaillé aux épices riches.

Goût

Le vrai robusto de haute tradition, rigide et complexe à la fois. Au regard de ce qu'est le palais, le nez paraît discret... Les épices s'imposent dès les premières volutes, accompagnées d'arômes ronds et gras d'une sensualité exceptionnelle.

Plaisir

Dégustez cette vitole d'épicurien dans le cadre d'un repas du terroir – daube, fricassée... Trop court pour tenir la distance d'un grand rhum, il accompagne parfaitement un bourgogne rouge au fruité mûr marqué de bois neuf.

APPRÉCIATION D'ENSEMBLE

Force : 9 – Régularité : 8,5 – Note de cœur : 10

S.T. DUPONT ROBUSTOS

Longueur : 120 mm
Diamètre : 19 mm (cepo 48)
Corps : rond
Présentation : cabinet verni de 25 pièces sous cellophane à l'unité

Vue

Beau cigare réalisé dans une gamme *maduro*, sur laquelle tranchent les blanc et or de la bague. Rond de tête et de corps, il est très homogène, avec sa cape dépourvue de nervures apparentes.

Toucher

Son aspect velouté souligne son côté riche et bien nourri, mais non gras. Belle compacité n'entravant aucunement la combustion.

Nez

Frais et boisé au pied, plus onctueux au corps, le nez se fait légèrement poussiéreux en finale. Un concentré de fraîcheur aromatique très séduisant.

Goût

Généreux, presque boulimique en combustion, ce robusto offre ses arômes sur un rythme plus que soutenu. Si le départ évoque la cacahuète salée, des notes florales complexes viennent rapidement prendre le relais, d'ailleurs sans rupture avec le début. Malgré ce tirage accéléré, l'ensemble ne chauffe pas en finale, ce qui lui permet de rester court en bouche.

Plaisir

S.T. Dupont ou comment faire encore de beaux cigares en Europe... Dégustez ce robusto le matin ou en journée, ou encore à l'apéritif, accompagné d'une coupe de champagne : il ne laissera aucun arrière-goût au palais. Il constitue également une excellente initiation à la complexité gustative de ce format.

APPRÉCIATION D'ENSEMBLE

Force : 5,5 – Régularité : 9 – Note de cœur : 8,5

BOLÍVAR INMENSAS

Longueur : 170 mm
Diamètre : 17,07 mm (cepo 43)
Corps : carré
Présentation : boîte traditionnelle de 25 pièces

Vue

Très régulière, la cape riche en gras peut revêtir une large gamme de teintes, du *claro* le plus léger au *maduro* chaud, en passant par diverses tonalités de *colorado*. On rencontre même des nuances vertes.

Toucher

Ne vous fiez pas aux apparences : ce cigare à première vue rigide ne l'est pas ; il se révèle au contraire souple et tendre, soyeux et légèrement gras sous le doigt. De belle tenue en main, il affiche aussi beaucoup d'élégance. On en oublierait qu'il est carré...

Nez

Comme tous les Bolívar, il abonde dans le sens épicé et terreux. Son arrière-plan légèrement poussiéreux évoque les parfums rustiques (terre, ferme) après la pluie.

Goût

Si le départ, boisé, est relativement discret, la suite libère des arômes plus complexes et plus puissants de sous-bois et de terre humide, ouvrant sur des notes épicées et rondes, marquées de poivre vert. La finale, riche, concentrée et grasse, parfait l'équilibre d'ensemble, impeccable.

Plaisir

D'une extrême élégance et d'une grande générosité, ce très beau cigare encore méconnu s'impose par sa richesse et sa puissance de goût, amplifiée par une combustion régulière qui croît harmonieusement à chaque volute. Dégustez-le après dîner, pour peu que vous soyez amateur averti.

APPRÉCIATION D'ENSEMBLE

Force : 9 – Régularité : 8,5 – Note de cœur : 9

COHIBA SIGLO V

Longueur : 170 mm
Diamètre : 17,07 mm (cepo 43)
Corps : rond
Présentation : cabinet verni de 25 pièces

Vue

Le galbe, le maintien, la classe : cet officier de l'armée britannique au temps des colonies ne manque pas de tenue. Finement capé, riche et soyeux, il est d'une grande beauté. C'est à notre connaissance le seul lonsdale présenté en cabinet de 25.

Toucher

Huileux et fin, il est aussi élégant sous le doigt qu'à l'œil. Ce qui ne l'empêche pas de garder une certaine souplesse, qui ajoute encore à son charme.

Nez

Un bouquet rond et floral, très généreux. Le corps exhale des senteurs de cuir jeune, le pied étant marqué d'épices douces et de végétal mielleux. La tête libère quant à elle des arômes plus concentrés, typiquement havane.

Goût

Dès les premières volutes, la richesse aromatique s'impose, dans un registre floral et gras. Complexe et raffiné, le *blend* épicé prend de l'ampleur au deuxième tiers, grâce à une combustion de qualité qui ne chauffe jamais. Attention, les sujets trop jeunes peuvent se révéler un peu acidulés.

Plaisir

C'est en vintage que ce cigare donne sa pleine mesure : il devient alors une incarnation parfaite de l'élégance du goût. Dégustez-le après un repas de qualité ou l'après-midi, en compagnie d'un bon livre.

APPRÉCIATION D'ENSEMBLE

Force : 8 – Régularité : 8,5 – Note de cœur : 9

LA GLORIA CUBANA MÉDAILLE D'OR N° 2

Longueur : 170 mm
Diamètre : 17,07 mm (cepo 43)
Corps : rond
Présentation : boîte semi-nature de 25 pièces

Vue

Mêlant la richesse de matière d'un churchill à l'élégance de format d'un lonsdale, ce dalia généralement mordoré se rencontre également en *colorado* soutenu. Sa superbe présentation en 8-9-8 évoque celle du Partagás 8-9-8 Cabinet Selection Verni.

Toucher

Ce n'est pas un moelleux... Ferme et très structuré, le Médaille d'Or N° 2 est même parfois à la limite de l'excès de compacité. Toujours grasse, la matière est quant à elle très fine.

Nez

Un pain d'épice onctueux, dans un registre plus terreux-boisé que gras – autrement dit, un style très différent de celui du cousin Partagás 8-9-8 Verni.

Goût

On n'est pas dans la puissance pure, plutôt dans la richesse et la présence. Dès les premières volutes, on sait à qui l'on aura affaire : boisé et épicé, très mûr aussi, ce cigare racé évolue sur des notes capiteuses jusqu'à se montrer percutant en finale.

Plaisir

Mariant douceur, onctuosité et puissance, ce très bon cigare viendra superbement couronner un dîner fin. Attention, toutefois, son ampleur peut lasser des palais non avertis.

APPRÉCIATION D'ENSEMBLE

Force : 9 – Régularité : 8 – Note de cœur : 8,5

• *Dans la même famille : le* ***Partagás 8-9-8 Cabinet Selection Verni****, déjà cité, très capiteux. Également le* ***Partagás de Partagás N° 1****, puissant et d'un grand classicisme.*

RAMON ALLONES 8-9-8 VERNI

Longueur : 170 mm
Diamètre : 17,07 mm (cepo 43)
Corps : rond
Présentation : boîte semi-nature de 25 pièces

Vue

Une belle présentation régulière, mise en valeur par le caisson verni. On apprécie particulièrement la rondeur de l'ensemble et l'alignement parfait des pieds.

Toucher

Ferme et moelleux à la fois, il est « confortable » en main, évoquant irrésistiblement la tenue d'un churchill.

Nez

Des arômes très présents de cacao mêlés d'épices grasses dominent ce nez généreux, puissamment aromatique et rond, d'une grande persistance.

Goût

Du 100 % cubain... Après un départ en demi-teinte quelque peu distant, il ne cesse de prendre de l'ampleur, révélant des arômes gras de pain d'épice ne demandant qu'à mûrir pour donner plus d'assise à cet ensemble d'une belle rondeur. Attention à l'excès de compacité, qui peut entraîner une montée en puissance redoutable.

Plaisir

Ce membre éminent de la trilogie des 8-9-8 de prestige – avec le Partagás homonyme et le Médaille d'Or N° 2 de La Gloria Cubana – reste aussi l'un des plus discrets. Ce qui ne l'empêche pas d'être un excellent cigare d'après-dîner, couronnant merveilleusement une cuisine italienne accompagnée de beaux vins fruités. À réserver aux palais avertis.

APPRÉCIATION D'ENSEMBLE

Force : 8,5 – Régularité : 9 – Note de cœur : 9,5

PARTAGÁS LONSDALES CABINET SELECTION

Longueur : 165 mm
Diamètre : 16,67 mm (cepo 42)
Corps : rond
Présentation : cabinet de 50 pièces,
boîte traditionnelle de 25 pièces

Vue

La superbe demi-roue (version cabinet de 50, donc) se pare de teintes dorées à terre de feu qui prennent de la profondeur à la maturation. Les têtes, d'une exceptionnelle régularité, semblent l'œuvre d'un peintre et non le fait de la réalité.

Toucher

Bien construit, ferme à la limite de la compacité, ce cigare finement capé a beaucoup de tenue en main. Ni soyeux ni gras, il ne manque pas de style.

Nez

Dans sa jeunesse, il libère au nez une certaine astringence rehaussée d'acidité. Au fil du temps, ces notes peu engageantes cèdent le pas à des arômes plus gras et plus cacaotés, ouvrant sur des épices puissantes typiquement Partagás.

Goût

Dès le départ, une énorme présence boisée et poivrée tapisse le palais. Plus on avancera, plus le caractère boisé et corsé sera prononcé, le cigare marquant peu à peu de son empreinte l'ensemble des zones gustatives. La finale est tout en épices.

Plaisir

Attention au conditionnement : si, en cabinet, les cigares se bonifient en vieillissant, la boîte semble suspendre leur évolution, comme on bloquerait la croissance d'un enfant. À son meilleur, ce lonsdale est un ami des grands vins : accordez-lui le temps de sa combustion, en dégustant chaque volute et chaque gorgée avec une lenteur religieuse.

APPRÉCIATION D'ENSEMBLE

Force : 9 – Régularité : 6 – Note de cœur : 8,5

• *Dans la même famille : le* ***Saint Luis Rey Lonsdales Cabinet Selection****, plus corsé et moins épicé.*

RAFAEL GONZÁLEZ LONSDALES

Longueur : 165 mm
Diamètre : 16,67 mm (cepo 42)
Corps : carré
Présentation : boîte traditionnelle de 25 pièces

Vue

D'une élégance parfaite, à la fois élancé et bien construit, ce grand classique ne manque pas de prestance. Le côté carré lui va comme un gant, particulièrement quand il est paré de tons dorés vieillis.

Toucher

Ferme, voire très serré, il est apprécié des amateurs de compacité un peu rigide.

Nez

Un bouquet presque féminin, aux belles notes florales totalement dénuées d'épices. Ce nez fin révèle toujours une pointe verte qui lui confère de la fraîcheur.

Goût

Discrète, l'entrée en matière est tout en charme et en subtilité. Le divin ouvre sur des arômes frais mêlés d'épices délicates sur fond de cuir rond, le tout enrobé d'un léger gras qui fait oublier sa combustion lente.

Plaisir

Cigare de la pensée, de l'imagination et de la créativité, il accompagnera très bien un moment de lecture, de réflexion ou une pause musicale.
Dégustez-le aussi sur un plat de poisson, ses arômes n'agressant jamais le palais, qu'ils imprègnent au contraire avec beaucoup de finesse. Ou encore après un savoureux goûter d'hiver composé d'un cake et d'un thé chaud.

APPRÉCIATION D'ENSEMBLE

Force : 7,5 – Régularité : 8 – Note de cœur : 9

• *Dans la même famille : le* ***El Rey del Mundo Lonsdales****, plus doux.*

SANCHO PANZA MOLINOS

Longueur : 165 mm
Diamètre : 16,67 mm (cepo 42)
Corps : carré
Présentation : boîte traditionnelle de 25 pièces

Vue

Si l'esthétique de la boîte a changé – avec la disparition, sur le côté, de la figure de Sancho –, le cigare demeure visuellement le même : bien construit, dans une large gamme de teintes soulignées par une élégante bague brune, de forme ovale.

Toucher

Droit comme un I, il affiche une compacité nouvelle, à la limite de la rigidité, mais qui n'exclut pas une petite souplesse quand il est bien réalisé. La matière légèrement rêche et granuleuse accentue son côté austère.

Nez

Discret, le nez libère des notes végétales, vertes, sans épices violentes. Cette structure aromatique repensée va de pair avec le renouvellement de la présentation.

Goût

Le départ se fait sur des notes vertes légères, marquées d'une pointe astringente. Ce n'est que parvenu à sa juste température que le Molinos révèle des arômes plus boisés et plus riches. Le dernier tiers, intense, peut chauffer un peu, en raison de la compacité. Il faut donc le déguster lentement, en le laissant reposer dès qu'il commence à fatiguer.

Plaisir

Longtemps méconnu, ce cervantes a conquis ses lettres de noblesse à force de richesse et de charme. Souhaitons que la nouvelle version donne autant de plaisir, par exemple dans le cadre d'un repas accompagné d'un beau vin tannique.

APPRÉCIATION D'ENSEMBLE

Force : 7 – Régularité : 6,5 – Note de cœur : 6,5

• *Dans la même famille :* ***le Bolívar Lonsdales****, qui, contrairement au Molinos, fait un excellent vintage.*

COHIBA SIGLO III

Longueur : 155 mm
Diamètre : 16,67 mm (cepo 42)
Corps : rond
Présentation : cabinet verni de 25 pièces

Vue

Un joli fagot, bien structuré, aux têtes rondes très homogènes. La présentation en cabinet ayant tendance à « allonger » les cigares – quand le caisson semble les « raccourcir » –, le Siglo III a indéniablement belle allure.

Toucher

Homogène, compact sans pour autant être fermé, ce faux-vrai grand cigare montre beaucoup d'élégance au toucher.

Nez

Les premières volutes libèrent des parfums de champ, de ferme, de grands espaces à la campagne – des odeurs un peu lourdes de terre mouillée par un matin d'été. La tête se fait plus cuir, le corps accusant un aspect poussiéreux, mais non mat. Quant au pied, il exhale des notes florales mêlées de pain d'épice.

Goût

Sa compacité faisant de lui un cigare lent, ce corona offre un premier tiers tranquille, qui chauffe le corps et lui permet de trouver sa vitesse de croisière. Il devient alors savoureux, en passant rapidement des notes sèches aux épices rondes. Le vintage transforme la puissance en richesse mielleuse d'une rare délicatesse.

Plaisir

Peu de vitoles de ce format montrent autant de raffinement. Quelques années après sa création, on peut apprécier l'évolution du Siglo III, qui a su s'imposer.

APPRÉCIATION D'ENSEMBLE

Force : 7,5 – Régularité : 8 – Note de cœur : 9

• Dans la même famille : le ***Partagás 8-9-8 Cabinet Selection*** *(non verni), dans un registre plus mat et plus longiligne.*

LA GLORIA CUBANA SABROSOS

Longueur : 155 mm
Diamètre : 16,67 mm (cepo 42)
Corps : carré
Présentation : boîte traditionnelle de 25 pièces

Vue

Impressionnant de régularité, ce gran corona aux allures de lonsdale revêt des teintes allant de *claro* à *maduro*, en passant par les nuances rouges d'un *colorado* léger. La tête ronde montre une finition particulièrement soignée.

Toucher

Très régulier, souple et tendu, mais rarement serré, il s'impose par sa classe plus que par son format. Une classe soulignée par la finesse de la matière.

Nez

Simple, direct sans exubérance, c'est le nez d'un vrai havane de tradition, dans des tonalités florales douces et légères, soutenues par des notes grasses et légèrement poivrées.

Goût

Ce classique atypique libère au départ des arômes fins qui montent très vite en puissance sur des valeurs riches et onctueuses – miel et poivre. Sa bonne combustion lui conserve néanmoins une certaine fraîcheur.

Plaisir

La tenue de sa matière première, sa régularité et son rapport qualité/prix tout à fait satisfaisant font de ce Sabrosos un cigare méritant indiscutablement qu'on s'y arrête. D'autant plus qu'il est tout à fait accessible aux palais non avertis.

APPRÉCIATION D'ENSEMBLE

Force : 7 – Régularité : 8 – Note de cœur : 7

• *Dans la même famille : le* ***Romeo y Julieta Coronas Grandes****, dans un style plus franc et plus direct.*

HOYO DE MONTERREY
LE HOYO DES DIEUX

Longueur : 155 mm
Diamètre : 16,67 mm (cepo 42)
Corps : rond
Présentation : cabinet de 50 ou 25 pièces

Vue

En quarante ans, ce cigare n'a pas pris une ride, avec sa superbe présentation en botte de 50 (préférable au cabinet de 25 dans l'objectif d'une longue maturation). Toujours jeune et beau, il affiche des teintes *gold*, rarement plus foncées, sur une cape fine et soyeuse.

Toucher

À la fois souple et tendu, avec des risques de serrage lui conférant quelque dureté, il est doux, gras et soyeux au toucher. La prise de botte est toujours très agréable, et la tenue en main très élégante.

Nez

Tout à fait dans la tradition de la famille Le Hoyo, le nez est très floral, étayé de pointes de boisé soutenues qui lui donnent un certain relief.

Goût

Plutôt doux et rond au départ, il attend le deuxième tiers pour offrir des arômes plus sucrés et plus riches ouvrant sur les notes végétales grasses de la fin.

Plaisir

Si vous recherchez l'abondance d'un robusto, vous risquez de trouver ce Hoyo un peu léger. Il ne s'en imprime pas moins durablement, dans un registre très traditionnel : cacao, bois, musc, épices. Dégustez-le au déjeuner avec un vin jeune, ou durant la journée pour son équilibre ; sa combustion lente, mais facile et régulière, vous accompagnera dans votre activité.

APPRÉCIATION D'ENSEMBLE

Force : 7 – Régularité : 8 – Note de cœur : 7,5

PUNCH SUPER SELECTION N° 1

Longueur : 155 mm
Diamètre : 16,67 mm (cepo 42)
Corps : rond
Présentation : cabinet de 50 pièces

Vue

Fin, élancé, généralement vêtu de *claro* mordoré, cet esthète assume son statut de corona aux allures de lonsdale... à moins que ce ne soit le contraire.

Toucher

La botte prise dans son ensemble s'impose dans un mélange de souplesse et de tension. Corps ferme, belle tenue en main, le Selection N° 1 est plus soyeux et velouté que gras. Sa légère compacité lui confère une certaine prestance.

Nez

À l'ouverture, un doux parfum de cèdre précède les premiers arômes de cacao, de cuir végétal du corps et de boisé gras du pied. S'il fait un excellent vintage, le temps ne modifie guère sa ligne aromatique, qui ne fait que s'arrondir.

Goût

Un peu moins terreux qu'il n'est de tradition chez Punch, le Selection N° 1 n'en conserve pas moins une base végétale humide dans le premier tiers, avant que le divin ne se corse, révélant des notes plus riches, plus grasses et plus épicées, qui s'anoblissent dans le vintage.

Plaisir

Hésitant entre deux formats, ce cigare n'a pas toujours trouvé son public. Ce qui ne l'empêche pas de compter parmi les meilleures vitoles du monde. Savourez-le à la fin d'un dîner raffiné ; il fait aussi un excellent compagnon du café de milieu d'après-midi, pour peu que l'on modère son insistance en dégustant un petit quelque chose auparavant.

APPRÉCIATION D'ENSEMBLE

Force : 8 – Régularité : 9,5 – Note de cœur : 9

• *Dans la même famille : le* ***Romeo y Julieta Coronas Grandes****, plus floral et plus végétal, et qui fait aussi un très bon vintage.*

PARTAGÁS CORONAS CABINET SELECTION

Longueur : 142 mm
Diamètre : 16,67 mm (cepo 42)
Corps : rond
Présentation : cabinet de 50 pièces,
boîte traditionnelle de 25 pièces

Vue

Toute la rigueur d'un vrai corona, beau et noble dans ses atours le plus souvent *gold*, rarement *maduro*.

Toucher

Sans être soyeux, le toucher est légèrement velouté, grâce au gras de l'intérieur. Ferme, le corps est souple mais jamais mou – sauf en cas d'excès d'humidité, ce qui le ruinerait.

Nez

Un nez typiquement Partagás, dans un mélange de boisé et d'épices ouvrant sur une finale sauvage, surtout dans sa prime jeunesse. Le temps lui confère plus de subtilité, du moins en cabinet.

Goût

Tout à fait dans la tradition de la marque, le Coronas Cabinet Selection montre au palais une certaine rigidité, ses arômes soutenus, en particulier de café, de cacao, de musc et d'épices, affirmant un caractère corsé dès le départ.

Plaisir

Ce beau cigare un rien austère a su au fil des ans conserver ses fidèles. Plus épanoui en cabinet, son registre aromatique complexe fait un excellent vintage. Dégustez-le sur le déjeuner quotidien, sa combustion lente, mais régulière, ne fatiguant pas. Pour amateurs avertis, cela va sans dire.

APPRÉCIATION D'ENSEMBLE

Force : 9 – Régularité : 9 – Note de cœur : 8,5

• *Dans la même famille : le **Juan López Coronas**, chez lequel on retrouve ce côté strict, mais qui montre en bouche plus de douceur et moins d'épices.*

RAMÓN ALLONES CORONAS CABINET SELECTION

Longueur : 142 mm
Diamètre : 16,67 mm (cepo 42)
Corps : rond
Présentation : cabinet de 50 pièces

Vue

Longtemps absent des marchés, il revient pour l'heure en cabinet de 50 pièces, superbe démonstration du degré de beauté que peut atteindre une demi-roue de coronas réalisée dans des couleurs claires.

Toucher

Vêtu d'une cape très fine au toucher soyeux et doux, il résiste un peu à la pression du doigt, mais ne s'en montre pas moins souple. Bien équilibré de la tête au pied, il inscrit sa rondeur dans le creux de la main.

Nez

Le bouquet offre une première vague très boisée (senteurs de forêt un jour d'été), qui ouvre rapidement sur des notes mielleuses et épicées : au pied, les épices grasses, onctueuses et rondes ; au corps, le cuir jeune ; à la tête, le cuir mûr. Ces parfums amples et très présents sont également persistants.

Goût

Évoquant son confrère de chez Partagás pour ce qui est du premier tiers, le Ramón Allones libère ensuite des notes moins épicées et plus fraîches, très séduisantes. La finale demeure bien grasse, offrant des notes boisées généreuses et rondes.

Plaisir

La réapparition de ce cigare est un vrai plaisir, assombri, néanmoins, par une production au compte-gouttes. Dégustez ce corona goûteux en fin de journée, à l'apéritif, ou après le dîner ; vous apprécierez sa simplicité.

APPRÉCIATION D'ENSEMBLE

Force : 8 – Régularité : 9,5 – Note de cœur : 9,5

• *Dans la même famille : le* ***Hoyo de Monterrey Le Hoyo du Roi****, un peu moins riche en goût, et le* ***Saint Luis Rey Coronas****, très aromatique.*

ROMEO Y JULIETA CORONAS

Longueur : 142 mm
Diamètre : 16,67 mm (cepo 42)
Corps : carré
Présentation : boîte traditionnelle de 25 pièces

Vue

Parfaite harmonie de construction, belle bague traditionnelle, capes claires à brun légèrement soutenu... Un grand classique, mesuré et racé.

Toucher

Le corps, souple et soyeux, respire si régulièrement qu'il donne une impression de fondu enchaîné... Un sujet assurément bien élevé.

Nez

Très végétal de prime abord, le bouquet se montre ensuite légèrement acidulé, presque pointu. Au corps, traditionnelles – et rassurantes – notes de cuir ouvrant sur une finale apaisante.

Goût

Fidèle à lui-même et à sa ligne de séduction, plus qu'aux institutions, ce corona accessible et quasi jovial déploie un goût floral doux et rond, bien dans l'air du temps. Car, s'il était riche et très corsé il y a vingt ans de cela, il a su conserver un public en se tournant vers les amateurs de vitoles plus douces, faciles de combustion, ne mettant pas trop à contribution.

Plaisir

L'éternité du cigare, ou comment s'adapter aux temps qui changent... En journée, c'est le fidèle compagnon des heures de travail. Mais il a aussi ses inconditionnels, qui aiment retrouver en toute circonstance le plaisir de ce goût frais et « carré » à la fois.

APPRÉCIATION D'ENSEMBLE

Force : 6,5 – Régularité : 7 – Note de cœur : 7,5

• *Dans la même famille : le* ***Diplomáticos N° 3****, cigare de tradition qui effectue depuis quelques années un très beau retour sur le devant de la scène.*

SANCHO PANZA CORONAS

Longueur : 142 mm
Diamètre : 16,67 mm (cepo 42)
Corps : carré
Présentation : boîte traditionnelle de 25 pièces

Vue

D'une régularité qui confine à la rigueur militaire, ce beau corps carré s'habille de teintes variant du *claro* au *colorado*. Son élégance austère, adoucie par l'arrondi de la tête, est soulignée par une bague brune de forme ovale.

Toucher

Montrant une légère compacité, il reste souple sous le doigt et rigide au creux de la main, doté d'une belle prestance. Sa cape, huileuse et légèrement brillante, lui confère un toucher doux et soyeux.

Nez

Au pied, le registre boisé du départ se perd dans des nuances végétales. Au niveau du corps, en revanche, on découvre un léger cuir jeune qui donne à l'ensemble un côté très sympathique.

Goût

Un premier tiers inscrit dans un registre floral et doux, avant que le divin ne prenne un tour plus tannique et boisé. La fin déploie des arômes riches et gras de sous-bois, marqués de citron vert et de café.

Plaisir

Grand classique du format, le Sancho Panza Coronas joue les intermédiaires entre la richesse d'un Partagás et la douceur d'un Hoyo du Roi. Préférez-le après le déjeuner, sans faire appel à l'alcool, en savourant le seul plaisir de sa dégustation paisible.

APPRÉCIATION D'ENSEMBLE

Force : 6,5 – Régularité : 8 – Note de cœur : 7,5

• *Dans la même famille : le* ***Juan López Coronas*** *et le* ***Punch Coronas****, remarquables de régularité.*

PADRÓN 1964 ANNIVERSARY CORONAS

Longueur : 150 mm
Diamètre : 15 mm (cepo 38)
Corps : carré
Présentation : boîte semi-vernie de 25 pièces

Vue
Légèrement plus gand qu'un corona classique, ce cigare très équilibré se présente de fort belle manière dans sa cape d'un *maduro* soutenu.

Toucher
Régulier, homogène, sans compacité aucune, il est plus mou que souple, avec un léger craquant de l'intérieur. Une texture un rien spongieuse, masquant une matière huileuse donnant tout son gras à l'ensemble, accroît le sentiment d'une vitole grande consommatrice d'humidité.

Nez
Au pied, la douceur aromatique des thés indiens ; au corps, des parfums de tabac sur une base végétale de sous-bois. L'ensemble est court en nez.

Goût
Un registre aromatique très floral, léger et rond, dont la montée en puissance se fait doucement, pour aboutir sur une finale légèrement plus goûteuse. Attention à ne pas hâter la combustion, afin d'éviter tout risque de surchauffe.

Plaisir
Ces tabacs, encore inconnus il y a vingt ans, ont désormais trouvé leur place. Le Coronas de Padrón est pour sa part un excellent cigare d'après-midi. Accompagnez-le d'un thé très parfumé qui rafraîchira le palais, asséché par la combustion.

APPRÉCIATION D'ENSEMBLE
Force : 5 – Régularité : 7,5 – Note de cœur : 7

BOLÍVAR PETIT CORONAS CABINET SELECTION

Longueur : 129 mm
Diamètre : 16,67 mm (cepo 42)
Corps : rond
Présentation : cabinet de 50 et de 25 pièces,
boîte traditionnelle de 25 pièces

Vue

Rond et joliment fait, d'une régularité et d'une homogénéité remarquables, le fagot de 50 petits coronas est un bijou.

Toucher

Moelleux, ferme et tendu, mais non serré à l'excès, il a une excellente tenue en main. Quand on prend la botte, on croit l'entendre respirer...

Nez

Rond, frais et tonique, c'est un nez très séduisant. Des parfums de terre mouillée, discrets de prime abord sur le corps, sont beaucoup plus généreux au pied et à la tête.

Goût

Au premier tiers, des arômes terreux légèrement piquants se font sentir (acidité), avant de laisser place aux épices douces qui se précisent en troisième partie, le tout dans un registre gras et soutenu. Bel équilibre force/goût et bonne longueur en bouche.

Plaisir

N'attendez pas de ce petit corona la complexité d'un torpedo ou d'un churchill, mais goûtez à sa juste valeur sa gamme aromatique, l'une des plus intéressantes du format. Il peut parfaitement accompagner le repas d'un amateur occasionnel ou devenir un cigare de journée pour un inconditionnel du goût havane. Un petit sujet corsé au goût bien marqué.

APPRÉCIATION D'ENSEMBLE

Force : 6 – Régularité : 7,5 – Note de cœur : 8

• *Dans la même famille : le* ***Romeo y Julieta Petit Coronas****, plus terreux qu'épicé.*

COHIBA SIGLO II

Longueur : 129 mm
Diamètre : 16,67 mm (cepo 42)
Corps : rond
Présentation : cabinet verni de 25 pièces

Vue

Petite boule ronde d'une grande homogénéité, la botte de 25 petits coronas s'habille de teintes allant du mordoré au rouge soutenu. Les têtes présentent un arrondi parfait.

Toucher

Très soyeux, ce cigare a quasiment un toucher de linge éponge... Ferme, bien construit, il a beaucoup de tenue en main.

Nez

Un bouquet floral marqué de notes de cuir et de bois, le tout soutenu par une pointe d'humidité très agréable. Court au nez, ce cigare dépourvu d'épices fait un excellent vintage aux arômes madérisés très prononcés – autrement dit, un registre olfactif extrêmement différent de celui de sa jeunesse.

Goût

Sa combustion facile et brève (cinquante minutes) entraîne une évolution gustative rapide, des notes florales du premier tiers aux épices mâtinées de végétal gras de la suite. Le divin offre une douce montée en puissance vers le rayonnement final.

Plaisir

Ne cédez pas à la facilité en le consommant trop vite, ses arômes soutenus méritent mieux que cela. Goûteux et structuré, le Siglo II accompagnera joliment un repas simple ou le terminera en compagnie d'un excellent arabica.

APPRÉCIATION D'ENSEMBLE

Force : 7 – Régularité : 8,5 – Note de cœur : 7,5

• *Dans la même famille : le* ***Juan López Petit Coronas****, plus doux et au corps carré.*

HOYO DE MONTERREY
LE HOYO DU PRINCE

Longueur : 130 mm
Diamètre : 15,87 mm (cepo 40)
Corps : rond
Présentation : cabinet de 25 pièces

Vue

Discrète, sans signe extérieur de richesse, la jolie botte de petits coronas prend des allures de boule à force de régularité. Belles teintes dorées sans surplus de gras.

Toucher

Sa finesse de ligne fait qu'il se perd un peu dans la main... Néanmoins très élégant, avec sa cape aussi fine que soyeuse, il ne doit pas être trop serré, sous peine de devenir étouffant.

Nez

Doux, floral et discret, le nez est assez court. Les arômes de corps sont plus végétaux, sans amertume ni agressivité.

Goût

Finement aromatique, légèrement doux au départ, ce cigare suave se fait plus présent et plus riche au moment du divin, avant de monter en puissance au dernier tiers, avec des arômes de poivre vert marqués de cacao. Petit risque d'échauffement, qui peut être désagréable en cas d'excès de serrage.

Plaisir

Cigare de compagnie plus que de dégustation, Le Hoyo du Prince se savoure à tout moment de la journée, grâce à sa combustion confortable. Il se livre particulièrement bien au jeu du café de milieu d'après-midi ou de l'après-déjeuner léger, sur le chemin du retour au travail.

APPRÉCIATION D'ENSEMBLE

Force : 6 – Régularité : 6,5 – Note de cœur : 6,5

• *Dans la même famille : le* ***Sancho Panza Non Plus*** *(mareva), plus mat en goût.*

PARTAGÁS PETIT CORONAS CABINET SELECTION

Longueur : 129 mm
Diamètre : 16,67 mm (cepo 42)
Corps : rond
Présentation : cabinet de 50 pièces,
boîte traditionnelle de 25 pièces

Vue

Belle demi-roue de petits coronas homogènes, têtes et pieds bien ronds dans l'équilibre classique du format. La gamme des couleurs va du *claro* soutenu au *colorado* léger, en passant par toutes les nuances d'ocre.

Toucher

Si le gras n'est pas apparent, il laisse sur la main un doux velouté légèrement granuleux. La respiration est régulière, l'ensemble montrant une égale souplesse du pied à la tête – du moins en cabinet.

Nez

Frais et végétal, le nez se dissipe rapidement. Jeune, il offre des pointes acidulées, qui se transformeront par la suite en arômes plus boisés, mais toujours sur une base plus végétale que florale.

Goût

Beaucoup de générosité dès le départ, avec des arômes boisés et légèrement sucrés qui donnent ce relief si particulier. Le dernier tiers, soutenu, verra le réchauffement des épices. Il n'a aucun avenir en vintage, le temps ne pouvant qu'atténuer son profil et édulcorer son style.

Plaisir

Un petit corona royal, franc et honnête, qui s'adapte à toutes les situations : déjeuner léger, dîner simple couronné d'un cognac, moment de travail ou de réflexion en journée... Pourvu que l'on soit familier des havanes capiteux.

APPRÉCIATION D'ENSEMBLE

Force : 8,5 – Régularité : 9,5 – Note de cœur : 9

• *Dans la même famille : le* ***H. Upmann N° 4****, aussi bien fait et facile à vivre.*

POR LARRAÑAGA PETIT CORONAS CABINET SELECTION

Longueur : 129 mm
Diamètre : 16,67 mm (cepo 42)
Corps : rond
Présentation : cabinet de 50 pièces

Vue

Beau, parce que simple et dépouillé de tout artifice, ce petit corona mordoré évoque un croustillant pain de campagne... Tête et pied ronds, corps harmonieux, il est tout ce qu'il y a de sympathique.

Toucher

D'une souplesse qui confine au moelleux, il montre une belle tenue en main, tout en restant discret. Plus doux que gras, il évoque la soie. Le corps et la tête sont plus fermes que le pied.

Nez

Du bonheur à mâcher... Le bouquet donne envie de mordre dedans : des notes florales fraîches sur un fond légèrement boisé annoncent un corps de cuir jeune, totalement dépourvu de pointes sèches ou poussiéreuses.

Goût

Sa fraîcheur, sa rondeur, sa tonicité méritent qu'on les déguste jeunes. Un léger fruit lui donne ce côté jovial qui marque le début du parcours, la fin voyant la montée en puissance d'arômes plus gras, plus onctueux, tout en générosité.

Plaisir

Ce délicieux petit corona encore méconnu n'en méritait pas moins d'être cité ici : polyvalent, aussi agréable au cours de la journée qu'après un repas, c'est le compagnon idéal de l'épicurien n'ayant pas le temps ou le désir de s'attaquer à plus gros module, mais goûtant le plaisir d'un cigare accessible à tout moment.

APPRÉCIATION D'ENSEMBLE

Force : 6,5 – Régularité : 9,5 – Note de cœur : 9,5

• *Dans la même famille : le **Diplomáticos N° 4**, aux arômes de cuir et au style plus « carré ».*

PUNCH PETIT CORONAS

Longueur : 129 mm
Diamètre : 16,67 mm (cepo 42)
Corps : rond
Présentation : cabinet de 50 pièces,
boîte traditionnelle de 25 pièces
(Punch Petit Coronas del Punch)

Vue

Une petite botte régulière, dans des coloris brun-vert légèrement mats, la taille soulignée d'une grande et belle ceinture jaune doré.

Toucher

Gras et velouté, plutôt que soyeux, très souple avec une matière légèrement craquante – mais pas sèche –, ce cigare de belle tenue affiche la prestance que l'on attend de ce format.

Nez

Du Punch à l'état pur... Registre terreux, humide, avec un pied végétal herbacé quand il est jeune, le corps devenant plus ambré, plus épanoui et plus rond au fil du temps. Il ne laisse pas indifférent, se montrant même insistant dans son registre de terre mouillée grasse et riche.

Goût

L'excellente combustion favorise le déploiement progressif d'arômes mûrs, terreux, sans trop d'épices, dont l'impact va croissant. Le miel, le cuir et le sous-bois sont également présents. La finale, corsée, est aussi très intense.

Plaisir

Un cigare de compagnie, facile à déguster et néanmoins très goûteux. Vous l'apprécierez après un déjeuner léger, comme compagnon d'un moment de travail ou de réflexion. Pour amateurs du goût Punch...

APPRÉCIATION D'ENSEMBLE

Force : 8 – Régularité : 9 – Note de cœur : 8,5

PUNCH ROYAL SELECTION N° 12

Longueur : 129 mm
Diamètre : 16,67 mm (cepo 42)
Corps : rond
Présentation : cabinet de 25 pièces

Vue

Un petit fagot bien compact, dans des coloris *gold* à mordorés d'une très grande élégance.

Toucher

La botte, d'un poids fort respectable pour ce format, offre une prise en main très agréable. Le toucher gras et la compacité du corps achèvent de donner beaucoup de présence à l'ensemble.

Nez

Le parfum riche de terre humide propre aux grands Punch, avec cette pointe herbacée qui se mêle, en un doux accord, aux notes de cuir tendre du corps. En fonction des années, il peut tendre vers des arômes plus acides, voire franchement végétaux.

Goût

Du vrai Punch : une attaque en bouche franche et directe, très marquée de terre, ouvre sur une gamme aromatique tout en bois et en épices, légèrement rehaussée de cacao. L'ensemble, joliment équilibré, est très porteur.

Plaisir

Si sa compacité entraîne une certaine lenteur de la combustion, ce mareva n'en est pas moins agréable à déguster. Ne pas confondre irrégularité passagère et inconstance : ici, ce léger suspens ajoute au charme de l'ensemble. Somme toute, un sympathique compagnon d'après-déjeuner léger ou d'après-midi, tout en rondeur.

APPRÉCIATION D'ENSEMBLE

Force : 7 – Régularité : 6,5 – Note de cœur : 6,5

• *Dans la même famille : le* ***H. Upmann Petit Coronas****, plus classique, dans une gamme de goût plus linéaire.*

RAFAEL GONZÁLEZ PETIT CORONAS

Longueur : 129 mm
Diamètre : 16,67 mm (cepo 42)
Corps : carré
Présentation : boîte traditionnelle de 25 pièces

Vue

Le plus souvent vêtu d'un *maduro* qui tranche sur son emballage de papier, il dégage une certaine austérité, renforcée par le strict alignement et la forme carrée.

Toucher

Un tabac épais, gras et compact sur toute la longueur, un rien sévère sous le doigt. Belle cape fine et homogénéité parfaite, probablement favorisée par une production très limitée, mais soignée.

Nez

Le départ, très végétal, ouvre sur une seconde vague épicée, bien typée, d'arômes brefs.

Goût

Dès le foin, des arômes épicés de bois et de cuir annoncent une évolution rapide vers des notes poivrées, marquées de tannins. Sans doute la compacité est-elle pour quelque chose dans cette montée en puissance, qui confine à l'échauffement et peut agresser des palais non avertis.

Plaisir

Ne pas confondre avec le Petit Lonsdales de la marque, qui est excellent, mais moins puissant. Ce petit corona s'accommode parfaitement des cuisines occidentales et se déguste très bien à l'apéritif, en fin de journée, ou comme second cigare de soirée.

APPRÉCIATION D'ENSEMBLE

Force : 8,5 – Régularité : 7 – Note de cœur : 7

• *Dans la même famille : le* ***Diplomáticos N° 4****, moins puissant et plus floral.*

RAMÓN ALLONES PETIT CORONAS

Longueur : 129 mm
Diamètre : 16,67 mm (cepo 42)
Corps : carré
Présentation : boîte traditionnelle de 25 pièces

Vue

Un très beau sujet, dans des teintes *colorado* qui vont parfois jusqu'au rouge « coucher de soleil sur la mer des Caraïbes ». Ce petit corona est d'une grande régularité, tant dans les tons que dans la manufacture, sans parler de la matière première, de haute qualité.

Toucher

D'une grande homogénéité, le corps souple et tendu respire bien sous sa cape fine, grasse et riche. Bonne tenue en main.

Nez

Court, mais généreux, le nez libère au corps des parfums de cuir rond et gras. Le pied est plus complexe, avec quelque chose de très appétissant.

Goût

Gras, goûteux, riche et plein : dès le départ, un mélange d'arômes boisés et ambrés annonce la montée en puissance du divin, qui lui-même ouvre sur une finale généreuse aux notes de pain d'épice.

Plaisir

Voici la preuve que ce format peut offrir un excellent cigare quand il est issu d'une matière première de qualité qui, une fois fondue, donne des résultats remarquables. Cigare de compagnie plus que de dégustation, ce Ramón Allones fait une belle vitole du matin pour amateur averti, ou de fin de journée pour débutant. Essayez l'accord avec quelques canapés au foie gras accompagnés d'un liquoreux pas trop sucré : vous ne devriez pas l'oublier.

APPRÉCIATION D'ENSEMBLE

Force : 6,5 – Régularité : 9,5 – Note de cœur : 9,5

SAINT LUIS REY PETIT CORONAS

Longueur : 129 mm
Diamètre : 16,67 mm (cepo 42)
Corps : rond
Présentation : cabinet de 50 pièces,
boîte traditionnelle de 25 pièces

Vue

Une superbe demi-roue, légèrement ovale, de 50 petits coronas réguliers, ronds et soyeux, généralement vêtus de *claro* mordoré, plus rarement de *maduro*. Le parfait rapport taille/diamètre offre un équilibre d'ensemble exemplaire.

Toucher

Souple, il respire bien sur toute la longueur du corps. La texture de la cape, fine et délicate, offre un toucher de soie gras à souhait, jamais collant, qui confère à l'ensemble une grande distinction.

Nez

Le nez libère des arômes ronds, frais et boisés. Si le départ est végétal, le divin se révèle plus riche, dépourvu d'épices ou de notes piquantes. L'ensemble se déploie tout en rondeur, avec en fond une discrète pointe de cuir jeune.

Goût

Si, il y a dix ans, ce cigare semblait un peu rustique, il offre aujourd'hui une gamme aromatique plus complexe, plus ronde et plus racée, avec des notes florales et boisées.

Plaisir

Destiné jadis aux seuls connaisseurs, ce Saint Luis Rey goûteux, au caractère bien trempé, a su sans se renier prendre le chemin des amateurs moins aguerris. Sa facilité de combustion en fait, surtout en cabinet, un excellent cigare de journée pour palais avertis, à déguster dans le cadre d'un repas pour les autres.

APPRÉCIATION D'ENSEMBLE

Force : 7 – Régularité : 8,5 – Note de cœur : 8,5

• *Dans la même famille : le* ***H. Upmann Petit Coronas****, d'une douceur et d'une rondeur surprenantes.*

PARTAGÁS SHORTS

Longueur : 110 mm
Diamètre : 16,67 mm (cepo 42)
Corps : rond
Présentation : cabinet de 50 pièces, boîte traditionnelle de 25 pièces

Vue

Un fagot superbement manufacturé dans ses douces teintes *gold*. Tout en précision et en régularité, la botte évoque l'alignement de petits rondins savoyards. Les capes sont soyeuses et fines. (Préférez la présentation en cabinet, incomparable.)

Toucher

Onctueux, légèrement enrobé de gras, le corps est ferme à souhait, sans risque d'échauffement à la combustion.

Nez

Un généreux bouquet de printemps, frais et rond à la fois, qui évolue dans un registre très floral marqué d'une infime pointe de cuir soulignant un léger caractère tannique.

Goût

Développant une gamme aromatique d'une rare complexité pour le format, le Shorts libère des notes végétales fraîches et rondes, mêlées d'épices et de bois vanillé au premier tiers, puis de cuir, de miel et de café – entre autres – sur la suite. La finale, soutenue, tend davantage vers les épices. Belle longueur en bouche.

Plaisir

Cet excellent cigare de compagnie est un parfait représentant des attentes de ce début de millénaire : il n'imprègne pas excessivement l'atmosphère, se déguste rapidement (comptez vingt minutes), s'apprécie sur une bière, un café, un déjeuner léger, un après-midi d'été sur la terrasse... Il est bien dans l'air du temps.

APPRÉCIATION D'ENSEMBLE

Force : 8 – Régularité : 9,5 – Note de cœur : 9

• *Dans la même famille : le* ***Diplomáticos N° 5****, plus « carré » et plus léger.*

RAMÓN ALLONES SMALL CLUB CORONAS

Longueur : 110 mm
Diamètre : 16,67 mm (cepo 42)
Corps : carré
Présentation : boîte traditionnelle de 25 pièces

Vue

Si sa petite taille n'arrête pas forcément le regard, le Small Club mérite qu'on apprécie sa régularité et l'homogénéité de ses tabacs très *colorado*, dans un rapport taille/diamètre exemplaire.

Toucher

Selon la manufacture, on passera du gras rugueux au gras légèrement granuleux. Son diamètre lui assure une jolie présence en main. Il tient par ailleurs très bien en bouche, ce qu'apprécieront les amateurs conservant leur cigare entre les lèvres.

Nez

Le nez, court, n'est pas l'atout principal de cette vitole. Légèrement terreux, sans épices sensibles, son parfum ne se caractérise guère que par sa discrète rondeur soyeuse.

Goût

L'excellente combustion soulignant la plénitude et l'intensité des arômes, les notes très boisées se couvrent peu à peu d'un onctueux voile exotique assez long en bouche. Attention, la finale peut surprendre par sa montée en puissance, même si celle-ci est de courte durée.

Plaisir

On aime tenir ce petit format discrètement entre le pouce et le majeur, et le cacher dans le creux de sa paume. Facile à déguster en toute circonstance, il s'adresse en particulier aux amateurs occasionnels, qu'il initiera aux gammes aromatiques plus complexes.

APPRÉCIATION D'ENSEMBLE

Force : 7 – Régularité : 8 – Note de cœur : 8

• Dans la même famille : le ***Punch Petit Punch****, merveilleux représentant de la nouvelle génération de petits formats.*

SAN CRISTÓBAL DE LA HABANA
EL PRÍNCIPE

Longueur : 110 mm
Diamètre : 16,67 mm (cepo 42)
Corps : carré
Présentation : boîte traditionnelle de 25 pièces

Vue

Présentés comme des mignardises, ces petits cigares inspirent la sympathie dans leur soyeux *colorado*. Ornés d'une curieuse bague moyenâgeuse revue au goût moderne, ils semblent s'allonger sitôt celle-ci ôtée.

Toucher

D'une grande souplesse, El Príncipe est si facile à manier qu'on le perdrait dans la main... La cape, douce et lisse, enveloppe un corps gras, bien carré, qui donne d'agréables signes de mollesse. Il n'est pas rare qu'on « joue » avec lui avant de l'allumer, pour mieux percevoir son degré d'humidité et le sentir respirer.

Nez

Le corps libère un discret parfum floral et légèrement boisé, très frais. L'ensemble est séduisant, mais si bref que l'on se prend à le humer plusieurs fois pour s'en faire une idée plus précise.

Goût

Voilà bien un cigare des temps modernes : facile, rapide, léger et aromatique, sans notes épicées, il s'adapte à tous les moments d'une journée active. Quarante minutes d'arômes gras, délicatement boisés, généreux et intenses.

Plaisir

Si de prime abord il ne paie pas de mine, une fois la dégustation amorcée, on souhaite qu'elle ne cesse plus... Sa légèreté fera la joie des amateurs occasionnels le soir après dîner, celle des plus aguerris le matin.

APPRÉCIATION D'ENSEMBLE

Force : 5,5 – Régularité : 8 – Note de cœur : 8,5

• *Dans la même famille : le* ***Romeo y Julieta Petit Princess****, un perla (102 mm, cepo 40).*

COHIBA LANCEROS

Longueur : 192 mm
Diamètre : 15,08 mm (cepo 38)
Corps : rond
Présentation : boîte semi-nature de 25 pièces

Vue
L'élégance de ce caisson évoque celle des anciens coffrets en bois précieux, où les cigares se présentent dans un alignement parfait ne manquant ni de dignité ni de prestance. Pied rond, tête en twist, corps mince vêtu de mordoré : un cigare des années 1960-1970.

Toucher
La race incarnée : la soie de la cape, la finesse et la régularité de l'ensemble donnent l'impression qu'il s'étire voluptueusement dans le creux de la main.

Nez
Si, dans les années qui l'ont couronné, le nez du Lanceros était riche et corsé, il se fait aujourd'hui plus discret, presque doux, dans un registre végétal mâtiné de floral léger.

Goût
Après une entrée en matière sur la pointe des papilles, le divin révèle richesse et présence. Des arômes de cacao, rehaussés d'épices et de réglisse, tapissent alors le palais. Attention : un défaut de fabrication peut provoquer un excès de puissance, de concentration et de chaleur.

Plaisir
Étoile d'une époque, le Lanceros a été injustement oublié. Il lui faudra attendre que la mode change : les amateurs redécouvriront alors le raffinement de ce magnifique cigare. Le monde féminin pourrait l'y aider. Dégustez-le après un beau dîner, lors d'une de ces longues soirées qui voient le temps s'arrêter et les philosophes se réveiller...

APPRÉCIATION D'ENSEMBLE
Force : 7,5 – Régularité : 8,5 – Note de cœur : 7

• *Dans la même famille : le* ***Vegueros N° 1****, sur un registre végétal soutenu du début à la fin.*

TRINIDAD FUNDADORES

Longueur : 192 mm
Diamètre : 15,08 mm (cepo 38)
Corps : rond
Présentation : boîte nature de 50 et de 24 pièces

Vue

Élancé, fuselé, la tête terminée en twist, ce cigare élégant donne, jeune, le meilleur de lui-même en *colorado*, avant que le temps ne l'enrichisse, le gras disparaissant de la surface au fur et à mesure que sa bague dorée s'oxyde...

Toucher

Éloquent, souple à la limite de la mollesse, il est très agréable en main. On le déguste de la paume avant de le savourer au palais.

Nez

D'un abord discret, il libère au corps des nuances florales boisées, mêlées de cuir jeune. Au pied, le bouquet est riche et savoureux, légèrement ambré.

Goût

En raison de sa taille, le Fundadores connaît un départ lent et doux avant de déployer, dès qu'il atteint sa juste température, une gamme impressionnante d'épices soulignées d'un soupçon de poivre lui donnant son relief. Le divin, subtil, ouvre sur un purin séduisant, mais qui s'achève sur des notes légèrement piquantes.

Plaisir

Alors que, dans les années 1990, la plupart des grandes marques se consacraient au robusto, Trinidad a su imposer son style avec cet unique format. Excellent vintage, le Fundadores sera parfait sur un grand dîner accompagné de vins riches et gras.

APPRÉCIATION D'ENSEMBLE

Force : 8,5 – Régularité : 9 – Note de cœur : 9,5

• *Dans la même famille : le* ***Partagás Série du Connaisseur N° 1****, aux arômes de départ plus puissants et aux parfums plus épicés.*

LA GLORIA CUBANA MÉDAILLE D'OR N° 1

Longueur : 185 mm
Diamètre : 14,29 mm (cepo 36)
Corps : rond
Présentation : boîte semi-nature de 25 pièces

Vue

Ce gran panetela est un très beau cigare longiligne, généralement vêtu de *claro*, rarement de *maduro*.

Toucher

Plus moelleux que souple, il n'assume pas sa taille en main. Sa matière, légèrement huileuse, exsude un léger gras sur la peau.

Nez

Généreux et séducteur, le nez se situe dans un registre floral très marqué de pain d'épice, comme toute la gamme.

Goût

Des arômes épicés et mielleux prennent de l'ampleur au deuxième tiers pour donner une finale riche et concentrée. Si l'on prend soin de la maturation, il acquiert une douceur et une rondeur insoupçonnées, qui s'expriment sur un tempo léger, rond et boisé, sans jamais tomber dans la fadeur.

Plaisir

Ce Médaille d'Or N° 1 n'a pas le public qu'il mérite. Mais il compte de fervents adeptes, particulièrement chez les amateurs de vintages, qui ont pu découvrir avec lui de nouveaux horizons aromatiques. C'est un cigare destiné aux palais avertis, le dernier tiers pouvant se révéler un tantinet nerveux. À noter : une combustion plus que satisfaisante pour ce format.

APPRÉCIATION D'ENSEMBLE

Force : 6,5 – Régularité : 9 – Note de cœur : 8,5

LA GLORIA CUBANA MÉDAILLE D'OR N° 3

Longueur : 175 mm
Diamètre : 11,11 mm (cepo 28)
Corps : rond
Présentation : boîte semi-nature de 25 pièces

Vue

Trois rangées de baguettes chinoises, si fines et si longues qu'elles incarnent l'élégance et le raffinement. Une silhouette typique des années 1970 et très prisée des amateurs férus de ce module.

Toucher

Moelleux plus que tendre, il n'est pas spécialement rigide ni ferme. Rond, il glisse bien entre les doigts et reste très discret en main.

Nez

Un petit bouquet floral frais et onctueux, qui ne s'impose pas.

Goût

Discret, ce panetela des plus aromatiques libère un goût très agréable d'épices et de miel, notamment. La régularité du tirage est un atout maître. Si le premier tiers est assez léger, presque distant, un riche goût boisé épouse le palais au stade du divin. Attention : la fin peut chauffer.

Plaisir

Dans la grande tradition de la marque, le Médaille d'Or N° 3 est en revanche atypique du format. Sa combustion facile le prédispose aux moments de pause, tel le café de l'après-midi, car il ne sature jamais. Il est sans doute un peu soutenu pour un débutant.

APPRÉCIATION D'ENSEMBLE

Force : 5,5 – Régularité : 7 – Note de cœur : 6,5

*• Dans la même famille : le **El Rey del Mundo Elegantes**, très prisé des amateurs de gran panetelas aux goûts légers.*

RAFAEL GONZÁLEZ SLENDERELLAS

Longueur : 175 mm
Diamètre : 11,11 mm (cepo 28)
Corps : rond
Présentation : boîte traditionnelle de 25 pièces

Vue

Une longue cigarette de chocolat comme les aiment les enfants, fine, élancée et ronde, qui semble en main ne pas devoir finir. Ses tons varient du *clarísimo* le plus pâle au *colorado* le plus sombre et le plus chaud.

Toucher

Si une certaine compacité lui confère parfois quelque rigidité, il se montre le plus souvent ferme et souple à la fois. Selon la qualité de la matière première, sa texture varie du soyeux au légèrement granuleux.

Nez

Végétal et subtilement camphré au corps, doux et sec au pied, le nez se distingue par une grande fraîcheur dénuée de fadeur.

Goût

Sa remarquable combustion favorise le déploiement d'une gamme aromatique délicatement boisée, sans épices et sans valeur corsée. Un cigare léger, accessible et harmonieux, qui ne fatigue jamais.

Plaisir

Un petit régal pour les moments volés ou pour les matins tranquilles... Très apprécié des palais féminins, il pourrait regagner les faveurs d'un public qui s'est quelque peu détourné, ces dernières années, de ce type de format élégant, mais manquant sans doute de puissance.

APPRÉCIATION D'ENSEMBLE

Force : 5 – Régularité : 8 – Note de cœur : 7

Lettre, *Anton Molnar*.

INDEX

Les cigares dont les noms figurent en italique ne font pas l'objet d'une fiche de dégustation, mais figurent au terme d'une de celles-ci comme relevant d'une « parenté » avec le cigare commenté.

Remerciements

À Anton Molnar et Antoni Vives Fierro,
pour avoir introduit l'art dans l'univers du cigare.

À ma mère, pour son exemple.
À mon épouse, pour sa patience.
À ma sœur, pour sa complicité.
À Sévan et Taline, bien sûr.

Conception graphique : Delphine Delastre

ISBN : 2-0820-0707-3

N° d'édition : FT 0707-01

Dépôt légal : novembre 2001

Imprimé en Italie par Stige - Turin

Gérard
PÈRE ET FILS

Boutique Noga Hilton – 19, quai du Mont-Blanc – 1201 Genève

Tél. (00) 41 22 908 35 35

Fax (00) 41 22 908 35 30

www.gerard-pere-et-fils.com

www.gerard.ch

info@gerard-pere-et-fils.com

info@gerard.ch